Christophe André, Jon Kabat-Zinn,
Pierre Rabhi, Matthieu Ricard

WER SICH VERÄNDERT, VERÄNDERT DIE WELT

Christophe André, Jon Kabat-Zinn,
Pierre Rabhi, Matthieu Ricard

WER SICH VERÄNDERT, VERÄNDERT DIE WELT

Mit Ilios Kotsou und Caroline Lesire

Aus dem Französischen von Elisabeth Liebl

Kösel

Die Originalausgabe erschien unter dem Titel »Se changer, changer le monde« bei L'Iconoclaste, Paris

MIX
Papier aus verantwortungsvollen Quellen
FSC® C014496

Verlagsgruppe Random House FSC® N001967
Das für dieses Buch verwendete FSC®-zertifizierte Papier *Munken Premium Cream* liefert Arctic Paper Munkedals AB, Schweden.

Umschlag: Fuchs_Design, Sabine Fuchs
Umschlagmotiv: plainpicture / Franco Cozzo, Shutterstock / Oko Las
Lektorat: Imke Oldenburg
Herstellung und Satz: Nadine Wagner, München
Druck und Bindung: GGP Media GmbH, Pößneck
Printed in Germany
ISBN 978-3-466-31029-6

Weitere Informationen zu diesem Buch und unserem gesamten lieferbaren Programm finden Sie unter
www.koesel.de

»Ich glaube nicht, dass wir irgendetwas in der äußeren Welt in Ordnung bringen können, wenn wir es nicht zuvor in uns selbst geordnet haben.«

ETTY HILLESUM

INHALT

EINFÜHRUNG

Eines Tages, so erzählt eine indianische Legende, brach ein riesiger Waldbrand aus. Bestürzt und ohnmächtig sahen die Tiere dem Wüten des Feuers zu. Allein der kleine Kolibri machte sich zu schaffen und flog immer wieder, um ein paar Tropfen Wasser zu holen, die er aus seinem Schnabel auf die Flammen fallen ließ. Nachdem das Gürteltier seinem unsinnigen Treiben einige Zeit zugesehen hatte, rief es ihm zornig zu: »He, Kolibri! Bist du eigentlich noch ganz bei Trost? Mit deinen paar Tropfen Wasser wirst du dieses Feuer niemals löschen!« Daraufhin blickte ihm der Kolibri geradewegs in die Augen und sagte: »Kann sein. Aber ich tue, was ich tun kann.«

Vielleicht hatte der ein oder andere Leser ja schon Gelegenheit, dem französischen Schriftsteller und Umweltschützer Pierre Rabhi zu lauschen, wenn er mit verschmitztem Lächeln diese inspirierende Geschichte erzählt. In einer Zeit, da ein Viertel der Weltbevölkerung drei Viertel der Ressourcen dieses Planeten verbraucht, besteht ganz sicher die dringende Notwendigkeit, dass wir uns alle, Männlein wie Weiblein, in Kolibris verwandeln, wie den, von dem die Legende erzählt, denn nur so können wir den Lauf der Dinge verändern. Eben dazu möchte uns dieses Buch einladen, das von der *Association Émergences* inspiriert wurde, einer Vereinigung, die sich zum Ziel gesetzt hat, solidarisches Handeln mit der Arbeit an sich selbst zu vereinen.

Sicher waren Sie, wie wir alle, schon mehr als einmal erschüttert, empört oder zornig angesichts der Ungerechtigkeit, die auf dieser Welt herrscht. Und vermutlich haben auch Sie dabei den Wunsch verspürt, etwas dagegen unternehmen zu können ... Meist aber fühlt man sich in solchen Momenten zu klein und zu schwach. Wer sind wir denn, dass wir am Zustand der Welt etwas ändern könnten? Wenn wir schon mit unseren Alltagsproblemen nicht zurechtkommen, wie können wir da etwas für die gesamte Menschheit tun?

Die Herausforderungen auf dem Weg zu einer gerechteren, nachhaltigeren Gesellschaft, die Mensch und Umwelt achtet, sind enorm, und die Uhr tickt. Doch in vielen Menschen schlummert der Same des Wandels. Wir halten es für wichtig, auf das Vorhandensein dieser Energie hinzuweisen und unseren Beitrag zu leisten, damit sie sich entwickeln kann. Überall gibt es Menschen, die Initiativen auf die Beine stellen, alte Gewohnheiten ändern, anderen Menschen helfen und über sich nachdenken. Sie werden aktiv und führen so den Wandel in der Gesellschaft herbei. Freilich fehlt es uns manchmal am nötigen Instrumentarium, an Modellen, an denen wir uns orientieren können, ja selbst an der dafür nötigen Hoffnung. Doch wenn wir Zuversicht und Bewusstheit entwickeln, können wir den kritischen Punkt erreichen, der das Zünglein an der Waage in die andere Richtung wandern lässt.

Dieses Buch vereint die Beiträge von vier Autoren und weisen Männern. Jeder leistet auf seine ureigenste Art einen Beitrag, um die Welt zu verändern, doch teilen sie alle den aufrichtigen Wunsch, auf den Geist ihrer Mitmenschen einzuwirken und ihr Herz zu berühren, damit unsere Gesellschaft sich wirklich wandeln kann.

Im ersten Kapitel gehen die Autoren der Frage nach, wie globale und individuelle Veränderung zusammenhängen. Nachdrücklich führen sie uns vor Augen, wie dringlich der Wandel ist, wenn wir nicht an einen Punkt gelangen wollen, von dem aus keine Umkehr mehr möglich ist. Im zweiten Kapitel, das aus der Feder von Christophe André stammt, beschreibt der Autor, wie wir durch die Gesellschaft uns selbst entfremdet werden, und zeigt Wege auf, wie wir uns dem widersetzen können. Im dritten Kapitel spricht Jon Kabat-Zinn darüber, wie sich eine veränderte Haltung uns selbst gegenüber positiv auf unsere Umwelt auswirkt. Natürlich ist hier die Rede von der Achtsamkeitsmeditation, die er rund um den Globus bekannt gemacht hat. Im vierten Kapitel lernen wir die Ideen Matthieu

Ricards kennen, Ideen für eine vom Altruismus inspirierte Welt. In Kapitel 5 gibt Pierre Rabhi uns Einblick in das eigentümliche Band, das uns Menschen mit der Natur verbindet, denn ohne den Schutz der Natur kann auch der Same einer harmonischen Gesellschaft nicht heranreifen. Im sechsten Kapitel schließlich geht es um Strategien, wie wir aus unserem gewandelten Bewusstsein heraus aktiv werden können.

Auf den folgenden Seiten bieten uns diese vier Autoren immer wieder praktische Ideen an, die jeder von uns gemäß seinen individuellen Gegebenheiten umsetzen kann. Das Buch schließt mit Ideen, was Sie selbst tun können: Sie finden dort Adressen von Verbänden und konkrete Möglichkeiten, wie Sie selbst Teil dieses Wandlungsprozesses werden und sich mit anderen zusammentun können.

Schließen die Arbeit an sich selbst und das Engagement für einen sozialen Wandel einander aus oder ergänzen sie sich? Welche Hindernisse und welche Fallen erschweren die Veränderung? Wie hängen die Entwicklung unserer Bewusstheit und der Wandel der Gesellschaft zusammen? Welche Rolle spielen unsere zwischenmenschlichen Beziehungen für eine nachhaltige Veränderung? Das sind die Fragen, die in den einzelnen Kapiteln dieses Buches gestellt werden, wobei die Suche nach Antworten stets mit ganz konkreten, alltagstauglichen Handlungsvorschlägen verbunden ist.

Hoffnung – das ist es, was wir in Ihnen wachrufen möchten, während Sie diese Seiten lesen. Die Natur, deren Teil wir ja sind, verfügt über zahllose Ressourcen und birgt in sich eine unglaubliche schöpferische Kraft. Termitenhügel zum Beispiel, von ihren Bewohnern ganz ohne die Hilfe von Mathematikern und Ingenieuren errichtet, werden heute von Wissenschaftlern erforscht, weil ihr Belüftungssystem unseren Systemen überlegen ist. Am Termitenhügel zeigt sich ein Phänomen, das als Emergenz bezeichnet wird und das sich in den unterschiedlichsten Bereichen (Biologie, Ökologie) beobachten lässt: Vorhersagen über ein komplexes System – wie zum Beispiel einen Termitenhügel oder einen Bienenstock – können nicht einfach dadurch getroffen werden, dass man das Verhalten der einzelnen Elemente addiert. Das macht das Geheimnis und den Zauber dieses Phänomens aus: Gemeinschaftliches Handeln führt in seiner Gesamtheit zu Resultaten, die auf der Mikroebene nicht vorhersehbar sind. Die Natur lehrt uns immer wieder: Das Ganze ist mehr als die Summe seiner Teile.

Dieses Buch versteht sich einerseits als Illustration dieses Naturgesetzes, andererseits möchte es auch so etwas wie ein Zündfunke sein, der jenes Kolibri-Prinzip aktiviert, das in dem einen vielleicht noch schlummert, bei den anderen hingegen schon konkrete Gestalt angenommen hat.

Ist die erfolgreiche Schaffung einer gerechteren, nachhaltigeren Welt für uns alle denn überhaupt anders möglich als durch das Zusammenwirken unserer individuellen Bemühungen?

1

ANTWORTEN AUF DIE KRANKHEITEN UNSERER ZEIT

ILIOS KOTSOU, CAROLINE LESIRE, PIERRE RABHI UND MATTHIEU RICARD

Mittlerweile sind die sozioökonomischen und ökologischen Katastrophen, die sich auf diesem Planeten ereignen, kaum mehr überschaubar. Den meisten Menschen machen diese Krisen, denen scheinbar nichts und niemand mehr Einhalt gebieten kann, große Sorgen. Aber was können wir noch tun in einer globalisierten Welt, die anscheinend nur noch dem Diktat der Finanzmärkte und des maximalen Profits folgt? Welche Möglichkeiten haben wir, um Veränderungen anzustoßen und unseren Teil zu einer Kurskorrektur beizutragen?

Natürlich können wir uns engagieren: sozial, humanitär oder politisch. Eine andere Möglichkeit wäre, an uns selbst zu arbeiten, um in dieser schwierigen Welt zu mehr innerer Gelassenheit zu finden.

Meditieren oder engagieren?

Diese beiden Möglichkeiten werden meist als polare Gegensätze betrachtet. Gern zeichnet man vom »Aktivisten«, gleich welcher Couleur, ein überspitztes Bild: der Macher, der, sich selbst entfremdet und ohne Bewusstsein dafür, was auf dem Spiel steht und was sein Tun auslösen kann, zur Sache geht. Dem »Kontemplativen« hingegen hängt der Ruf an, ein egoistischer Zeitgenosse zu sein ohne Bezug zur Welt und seinen Mitmenschen, der sich nur für seinen Bauchnabel interessiert und unfähig ist, im praktischen Leben irgendetwas zuwege zu bringen. Bei genauerer Betrachtung dieser Problematik stellt sich jedoch die Frage, ob man in der Welt tatsächlich etwas nachhaltig beeinflussen kann, ohne dabei selbst auch ein anderer zu werden. Ist unser Eintreten für eine gerechtere Welt, die sich stärker mit unseren Idealen deckt, denn nicht eine günstige Gelegenheit, uns selbst auch ein wenig zu reformieren? Wie können wir also den aktiven und den kontemplativen Part in uns (wieder) zum Leben erwecken und miteinander versöhnen?

»Ich glaube nicht, dass wir irgendetwas in der äuße-

Wir *sind* die Welt. Wenn wir uns ändern, ändern wir damit zwangsläufig auch einen Teil der Welt. Er ist sicher nicht groß, aber er ist da, und er ist wichtig.

ren Welt in Ordnung bringen können, wenn wir es nicht zuvor in uns selbst geordnet haben.« Dieser Satz der niederländischen Pädagogin Etty Hillesum, den wir dem Buch als Motto vorangestellt haben, gibt uns eine erste Antwort auf diese Fragen.

Heiter, neugierig und durch und durch modern, wurde sie im Alter von knapp dreißig Jahren nach Auschwitz deportiert. Ihre Tagebücher,[1] die mit einer Postkarte, geschrieben an eine Freundin in dem Zug, der sie ihrem düsteren Schicksal entgegentrug, enden, legen Zeugnis ab von ihrer lebendigen und engagierten Spiritualität. Lassen Sie uns, den Spuren dieser großen Gestalt unserer Zeit folgend, die Gründe erforschen, warum wir mit der Veränderung der Welt bei uns selbst beginnen sollten.

Unser erstes Argument gründet sich, ganz pragmatisch betrachtet, darauf, dass wir die Welt *sind*. Wenn wir uns also ändern, ändern wir damit zwangsläufig auch einen Teil der Welt. Er ist sicher nicht groß, aber er ist da, und er ist wichtig. Außerdem sind wir der Teil der Welt, über den wir die größte Kontrolle haben. Der Astrophysiker Hubert Reeves meint, dass die aktuelle

Umweltverschmutzung kein großes Problem ist ... sondern sechs Milliarden kleine Probleme. Darauf basierend glauben wir, dass es durchaus möglich ist, sechs Milliarden kleine Lösungen auf den Weg zu bringen, damit es auf dieser Welt gerechter zugeht: Wir haben den Wandel in der Hand.

Während der Achtsamkeitsseminare, die ich gebe (Ilios), erzählen mir die Teilnehmer immer wieder, wie die Arbeit an ihrer Einstellung zu sich selbst sich auf die Beziehungen zu ihren Mitmenschen und ihrer Umwelt auswirkt. Unlängst meinte ein Firmenchef am Ende eines Kurses mir gegenüber: »Ich kam hierher, weil ich nach Methoden suchte, wie ich andere ändern kann. Mittlerweile habe ich eingesehen, dass jede Veränderung nur bei uns selbst beginnt.«

Unsere Verantwortung annehmen

»Da jeder Mensch Menschlichkeit in sich trägt, ist er auch im Rahmen seiner Gegebenheiten für die Menschheit verantwortlich«, schreibt der französische Philosoph Edgar Morin.[2] Wir haben teil an dieser Welt und tragen daher auch Mitverantwortung für ihre Zukunft. Doch sind wir auch imstande, diese Verantwortung tatsächlich wahrzunehmen? Wissenschaftliche Studien, auf welche Christophe André in Kapitel 2 eingeht, deuten darauf hin, dass sich die Menschen unter dem Einfluss von Faktoren wie Geld, Stress, Werbung und so weiter von sich selbst abwenden. Konditioniert und manipuliert, werden wir uns selbst fremd. Wie können wir uns unter diesen Bedingungen die Selbstbestimmung über unser Handeln und unser Konsumverhalten zurückerobern?

Wie können wir verantwortlicher – nicht voller Schuldgefühle, sondern geschickter – agieren, um auf die bestmögliche Weise auf unsere momentane Situation zu reagieren?

In dem Sommer, bevor ich (Caroline) zu studieren anfing, fuhr ich nach Brasilien zu einer Begegnung mit den Straßenkindern von Recife. Als ich dann in einer der Sozialstationen, die sich um sie kümmern, eintraf, konnte ich die Tränen nicht zurückhalten. Vor mir standen Mädchen, die bestenfalls gerade mal so alt wie ich, oder sogar jünger, waren, bereits ein oder mehrere Kinder hatten und nicht selten vom Leben schon deutlich gezeichnet waren. Ich kam mir so ohnmächtig vor, so hilflos, und ich fühlte mich schuldig, weil ich in meinem kleinen behaglichen Winkel lebte, während sie nicht das Geringste besaßen. Doch Didier und Christine von der Organisation, die uns begleitete, sagten: »Schau dir an, wie sie sich freuen, nur weil sie euch treffen und mit euch reden können. Lass dich nicht von deiner Trauer auffressen, damit hilfst du ihnen nicht. Wenn du weinst, weinst du über dich selbst. Damit nimmst du dir nur deine Kraft. Bewahre die Trauer und die Empörung in deinem Herzen, denn sie werden dir später als Motivation dienen, diesen Mädchen und allen anderen, die deine Hilfe brauchen, zu helfen.« Bei dieser Gelegenheit sagte ich mir, dass ich vielleicht nicht viel tun konnte, dieses Wenige aber dennoch ein entscheidender Beitrag sein könnte, damit sich auf der Welt etwas zum Besseren hin bewegt. Seitdem mache ich mir jede noch so kleine positive Veränderung bewusst. Das hilft mir, vor allem in Momenten, in denen ich mich angesichts all der Ungerechtigkeit auf der Welt total ohnmächtig fühle.

Wie können wir mit unserer Traurigkeit umgehen, ohne dass sie uns in den Würgegriff nimmt? Wie können wir unsere Angst, unsere Empörung in sinnvolles Handeln übersetzen, das am Lauf der Dinge auch etwas verändern kann? Empört zu sein ist in der Tat ein wichtiger erster Schritt, doch der entscheidende Punkt ist, dass wir diese Empörung zum Motor eines Handelns machen, das auf die Verwirklichung eines konstruktiven Gegenentwurfs zielt und sich nicht in Kritik am Status quo erschöpft. Stéphane Hessel, berühmter Kämpfer für die Menschenrechte, ehemaliges Résistance-Mitglied und Autor von *Empört euch!*, betonte,

Gandhi sagte: »Seid die Veränderung, die ihr in dieser Welt sehen wollt.« Wenn wir unser Leben nicht ausfüllen, wenn wir diesen Wandel nicht in den Alltag bringen, dann wird die Welt uns verändern und nicht wir die Welt.,

nachdem sein Essay erschienen war, wie wichtig es sei, sich nicht nur zu empören, sondern sich über die Empörung hinaus bewusst zu machen, dass wir an den Umständen mitwirken, ja, dass wir Widerstand leisten müssen, um etwas schaffen zu können, und schaffen, um weiter und ohne Unterlass Widerstand zu leisten.[3]

Je größer unsere Empörung ist, desto größer muss auch unsere Achtsamkeit sein, damit unser Tun mit unseren Idealen übereinstimmt. Denn sind wir nicht mehr eins mit uns, haben wir die Verbindung zu uns selbst verloren, dann besteht die Gefahr, dass wir auch die Bindung an unsere Wertmaßstäbe verlieren. Entfremdung heißt, dass wir uns »fremd« werden, dass wir für uns selbst »der Andere« sind. Der Begriff beschreibt einen Prozess, bei dem der Einzelne seiner Selbstbestimmung beraubt wird, der freien Verfügung über seine Anlagen und Gaben (durch soziale Prägung, Werbung und gezielte Falschinformation).

Das, wogegen wir ankämpfen, wirkt auf uns zurück und kann am Ende uns und unser Handeln beherrschen. Dann laufen wir Gefahr, im Kampf gegen Ungerechtigkeit ungerecht, gewalttätig im Namen des Friedens und unmenschlich im Namen der Menschenrechte zu werden. Die Geschichte liefert uns unzählige Beispiele, wie jene, die sich im Namen hehrer Ideale erhoben, einmal an der Macht, sich nicht minder schlimm aufführten als jene, die sie bekämpft hatten. Ist unsere Achtsamkeit stark und unser Inneres friedvoll, so dürfen wir Hoffnung haben, dass aus dieser Haltung auch rechtes und gerechtes Handeln erwächst.

Gandhi sagte: »Seid die Veränderung, die ihr in dieser Welt sehen wollt.« Wenn wir unser Leben nicht ausfüllen, wenn wir diesen Wandel nicht in den Alltag bringen, dann wird die Welt uns verändern und nicht wir die Welt.

EINE SUFIGESCHICHTE

Mit zwanzig war mein einziges Gebet: »Mein Gott, hilf mir, diese Welt zu verändern, diese schreckliche, unerträgliche Welt, erfüllt von Grausamkeit und Unrecht.« Und ich kämpfte wie ein Löwe.

Bald ging ich auf die dreißig zu, und es hatte sich nicht viel verändert. Als ich vierzig wurde, war mein einziges Gebet: »Mein Gott, hilf mir, meine Frau, meine Kinder und meine Familie zu ändern.« Und wie ein Löwe kämpfte ich zwanzig Jahre, ohne etwas zu erreichen.

Nun bin ich alt, und mein einziges Gebet ist: »Mein Gott, hilf mir, mich selbst zu ändern.« Und die ganze Welt um mich herum wandelt sich.

Empathie und Mitgefühl – Methoden für den Umgang mit sich und anderen

Selbst wenn das, was augenblicklich auf der Welt geschieht, uns nicht kalt lässt, wenn wir dem etwas entgegensetzen wollen, so besteht dennoch die Gefahr, dass wir bald verbittert und mutlos werden, weil wir das Gefühl haben, dieser Herkulesarbeit nicht gewachsen zu sein. Ständig mit dem Leid anderer und mit Ungerechtigkeit konfrontiert zu sein, kann sehr schnell zu völliger Erschöpfung führen. Wir sprechen dann vom Burn-out oder der »sekundären Traumatisierung«, wie dieses Phänomen bei Angehörigen oder Menschen in Pflegeberufen genannt wird. Im Englischen spricht man auch von *compassion fatigue*, der Mitgefühlserschöpfung, wobei es sich eigentlich um eine mitfühlende Hilflosigkeit handelt, da Mitgefühl an sich nicht zu Erschöpfung führt, wie jüngste, unter der Leitung von Tania Singer durchgeführte neurowissenschaftliche Untersuchungen gezeigt haben. Manche versuchen, sich davor zu schützen, indem sie anderen Menschen und den eigenen Gefühlen aus dem Weg gehen. Für eine gewisse Zeit funktioniert das auch. Doch wie viele Menschen sind am Ende so erschöpft, dass sie nicht nur keinerlei Energie für ein wie auch immer geartetes Engagement aufbringen können, sondern als Person an dieser Erfahrung zerbrechen und sich von ihren Mitmenschen abwenden? Wie können wir dem schmerzlichen Schwinden der Menschlichkeit aus unseren zwischenmenschlichen Beziehungen entgehen, das entsteht, weil wir das Leid anderer nicht mehr ertragen können?

Zahlreiche Studien haben gezeigt, dass Meditation zum Beispiel uns keineswegs der Welt entfremdet, sondern uns sogar stärker mit anderen verbindet und soziales Verhalten fördert. Meditierende wenden sich ihren Mitmenschen zu, weil sie ihnen Hilfe und Trost spenden und ihre Erfahrung mit ihnen teilen wollen.

Sehen wir uns doch nur an, wie alte Menschen in unserer Gesellschaft ihren Lebensabend verbringen müssen: Einsam und aufs Abstellgleis geschoben verliert ihr Dasein jeglichen Sinn. Dabei weiß man heute, dass Einsamkeit ein erhöhtes Risiko mit sich bringt, Herz-Kreislauf-Erkrankungen oder Alzheimer zu entwickeln oder daran vorzeitig zu sterben. Eine neuere Studie von dem Forscher David Creswell[4] an der Carnegie Mellon University belegt, dass ältere Menschen sich weniger einsam fühlen, wenn sie meditieren. Dadurch kommen sogar entzündliche Prozesse im Körper zum Erliegen und damit eine der Hauptursachen für die oben genannten Krankheiten. Natürlich ist die Meditation kein geriatrisches Wundermittel, und wir müssen dringend mehr dafür tun, dass alte Menschen wieder einen Platz in der Gesellschaft haben. Doch zumindest bekommen ältere Menschen, wenn sie meditieren, wieder mehr das Gefühl, Teil einer größeren Gemeinschaft und mit der Welt verbunden zu sein.

Interessant ist auch das Ergebnis einer Studie, die

Sich zu ändern beginnt damit, dass wir uns um uns selbst kümmern, indem wir unsere Anlagen zu Bewusstheit, Weisheit und Mitgefühl entwickeln.

unter der Leitung von Paul Condon[5] von der Northeastern University in Boston prosoziales Verhalten untersuchte: Die Teilnehmer der Studie sollten sich auf den einzigen noch freien Sitzplatz im Wartezimmer einer medizinischen Praxis setzen. Sobald die Testperson Platz genommen hatte, schickte man eine Person mit Krücken ins Wartezimmer, die sich gegen die Wand lehnte und der deutlich anzusehen war, dass es ihr nicht gut ging. Die Personen, die sich bereits im Wartezimmer befanden, sollten keine Reaktion zeigen. Die Forscher verglichen nun das Verhalten der Testpersonen, die einen Meditationskurs besucht hatten, mit dem Verhalten von Testpersonen, die keinen besucht hatten. Teilnehmer aus der ersten Gruppe waren fünfmal eher bereit, der Person mit den Krücken ihren Sitzplatz anzubieten, als die Probanden aus der zweiten Gruppe.

Sich zu ändern beginnt damit, dass wir uns um uns selbst kümmern, indem wir unsere Anlagen zu Bewusstheit, Weisheit und Mitgefühl entwickeln. Wir selbst sind das Werkzeug, mit dem wir auf die Welt einwirken können. Die Arbeit an uns selbst ist gerade jetzt wichtig, da uns allmählich die Zeit davonläuft.

Die Bambusschule Bodnath ist eine der Einrichtungen, die von der von Matthieu Ricard gegründeten Organisation Karuna-Shechen (siehe Anhang) finanziert wird. Jede dieser Schulen bietet Platz für knapp zweitausend Schüler.

DIE AXT SCHÄRFEN

Ein junger Mann, der auf der Suche nach Arbeit war, kam eines Abends in ein Holzfällerlager. Am ersten Tag legte er sich mächtig ins Zeug und fällte viele Bäume. Am zweiten Tag strengte er sich noch mehr an, aber am Abend hatte er nur halb so viele Bäume geschlagen wie tags zuvor. Höchst unzufrieden mit sich selbst, beschloss er, am nächsten Tag zum Ausgleich noch mehr Bäume zu fällen. In aller Frühe machte er sich ans Werk und hieb verbissen mit seiner Axt auf die Bäume ein, doch vergebens: Am Abend hatte er noch weniger Bäume gefällt als am Tag zuvor. Beschämt und mutlos ging er zu seinem Vorarbeiter, der ihn eingestellt hatte: »Es tut mir leid, dass ich dich enttäuscht habe. Ich tue mein Bestes, um mich des Vertrauens würdig zu erweisen, das du in mich gesetzt hast, aber meine Leistungen sind recht mager.« Der Vorarbeiter hörte ihm zu, dann fragte er ihn freundlich: »Junge, wann hast du eigentlich zum letzten Mal deine Axt geschärft?« Darauf gab der junge Mann zurück: »Dafür hatte ich keine Zeit, ich wollte ja schließlich Bäume fällen.«

Veränderung tut not

Die aktuelle Weltordnung ist ungerecht und widersinnig. Noch nie wurde sowohl in den entwickelten Ländern wie in den Schwellenländern so viel Reichtum geschaffen. Noch nie war er so ungleich verteilt wie in den letzten fünfzig Jahren. Mit ihrer Raubtiermentalität fuhr die westliche Welt ökonomisch gesehen nicht schlecht. Mittlerweile aber dämmert selbst den leidenschaftlichsten Befürwortern dieser Verhältnisse angesichts der Dauerkrise in unseren Ländern die Erkenntnis, dass dieses Modell seine Grenzen und Gefahren hat. Weltweit hat jeder sechste Mensch keinen Zugang zu sauberem Trinkwasser und jeder achte hungert.

Nicht einmal 10 Prozent der Menschheit teilen sich 82 Prozent des Weltvermögens, während 70 Prozent sich mit nur 3 Prozent begnügen müssen.[6] 80 Prozent der Weltbevölkerung sind von jedem System sozialer Sicherung ausgeschlossen. Dennoch ist in den vergangenen zwanzig Jahren der produzierte Wohlstand um das Fünffache gestiegen.

Gleichzeitig beobachtet man weltweit eine rasante Zunahme gesundheitlicher Probleme. Die Weltgesundheitsorganisation (WHO) sieht eine klare Verbindung zwischen Depressionen und Wirtschaftskrise.[7] Der WHO zufolge sind psychische Erkrankungen (Depressionen, chronische Angststörungen, Phobien, Suchterkrankungen) in den USA und in der EU mittlerweile noch vor Krebs und Herz-Kreislauf-Erkrankungen der Hauptgrund für Arbeitsunfähigkeit.[8]

Dazu kommt, dass wir, wie wir tagtäglich feststellen können, unseren Planeten, eine Oase im All, nicht als den kostbaren Schatz betrachten, der er ist, sondern als Rohstofflager, das wir bis zum vollkommenen Zusammenbruch ausbeuten können: bis auf den letzten Fisch, bis auf den letzten Baum.

Das System, in dem wir leben, hat uns tief in die Entfremdung hineingeführt. Wir leben, als seien wir von anderen Menschen und der Natur vollkommen abgetrennt. Mit unserer ungerechten und auf das Wohl des Einzelnen ausgerichteten Wirtschafts- und Sozialordnung gefährden wir die Gesellschaft, deren Teil wir sind. Wir zerstören nicht nur die Natur, sondern uns selbst gleich mit. Wenn wir uns von der Natur entfernen, entfernen wir uns von uns selbst. Wir verlieren jenen Pol, von dem aus wir größeres Wohlbefinden für uns selbst und andere schaffen können.

Hauptursachen für Arbeitsunfähigkeit (USA und Europa)

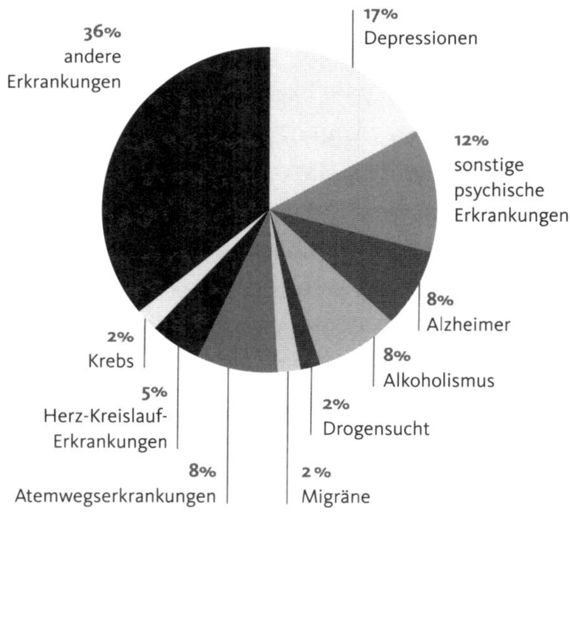

Am Rande des Abgrunds

Das Konzept der »Planetary Boundaries«, der planetarischen Grenzen, wurde von dem schwedischen Forscher Johan Rockström[9] 2009 in der Zeitschrift *Nature* vorgestellt und erläutert. 27 international anerkannte Wissenschaftler haben seine Erklärung mit unterzeichnet. »Das Überschreiten dieser Grenzen kann sich verheerend auf die Menschheit auswirken. Erkennen wir sie aber an, so können sie uns gute Zukunftsaussichten sichern«, so Rockström.[10] Bleiben wir innerhalb dieser Grenzen, schaffen wir damit einen sicheren Raum für unser Handeln, in dem die Menschheit sich weiterhin nachhaltig entwickeln kann.

Für folgende Umweltparameter wurden nicht zu überschreitende Grenzen definiert, die klar beziffert werden können:

1. Klimawandel
2. Abbau der Ozonschicht
3. Landnutzung (durch Landwirtschaft, Viehzucht, Forstwirtschaft)
4. Süßwasserverbrauch
5. Verlust an Artenvielfalt
6. Übersäuerung der Ozeane
7. Stickstoff- und Phosphoreintrag in Biosphäre und Meere
8. Aerosolgehalt der Atmosphäre
9. Belastung durch Chemikalien

Die zehn großen aktuellen Umweltveränderungen

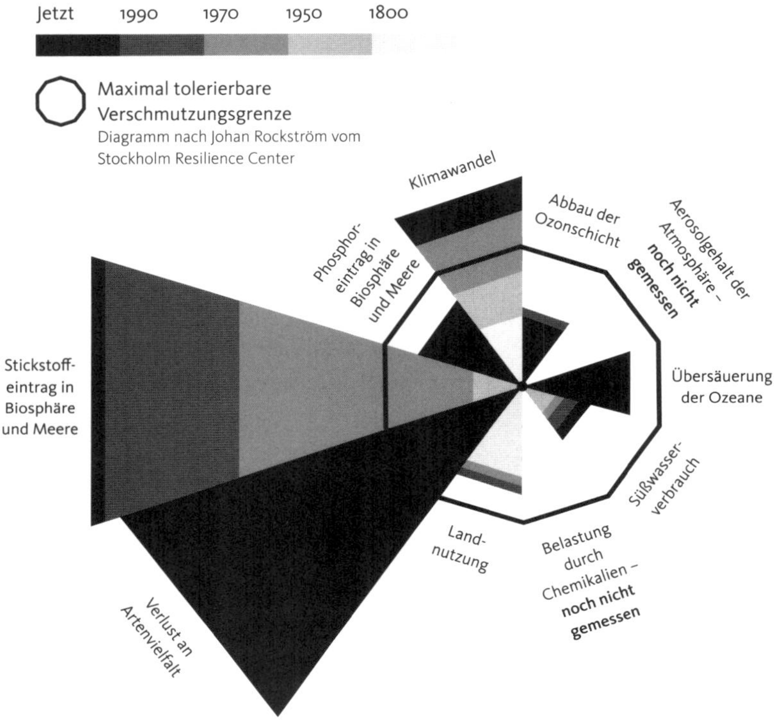

Diese neun Faktoren müssen innerhalb einer gewissen Sicherheitszone verbleiben, andernfalls laufen wir Gefahr, mit einer Überschreitung irreversible Prozesse auszulösen. Wie die obige Abbildung zeigt, waren um 1900 alle gemessenen Faktoren zu vernachlässigen. Sie lagen noch bis 1950 deutlich unterhalb der jetzt ermittelten Grenzwerte.

Ab Anfang der Fünfzigerjahre traten wir ein in die Ära des »Anthropozän«, wie Paul Crutzen, Nobelpreisträger für Chemie, sie bezeichnet, jenes Zeitalter, in dem der Einfluss des Menschen auf die Umwelt alle anderen Faktoren dominiert. Leider versuchen die Apologeten des Wachstums um jeden Preis, gerade jene Wissenschaftler unglaubwürdig erscheinen zu lassen, die in weiser Voraussicht die Menschheit zur dringend erforderlichen Kurskorrektur mahnen. In Wirklichkeit aber werden wir gerade Zeugen dessen, was die Wissenschaftler die »große Beschleunigung« nennen. Alles ist im Anwachsen begriffen: die Weltbevölkerung, der Kunstdünger- und Süßwasserverbrauch in der Landwirtschaft, die Überfischung und Verschmutzung der Meere, die Anzahl der Autos auf den Straßen und die Luftverschmutzung durch Kohlenstoffdioxid sowie durch Methangas aus der Massentierhaltung. Der Anstieg ist schwindelerregend und zwischen all den genannten Problemen gibt es einen Zusammenhang.

DIE IRRWEGE DER INDUSTRIELLEN FLEISCHPRODUKTION

Wie aus empfindungsfähigen Tieren Fleischlieferanten gemacht werden

Man schätzt, dass jährlich 150 Milliarden Landtiere zum Zwecke des Verzehrs durch den Menschen getötet werden. Jedes Jahr entscheidet somit der Mensch darüber, wann, wo und wie diese Schlachttiere getötet werden, die im Durchschnitt nur ein Sechzigstel ihrer möglichen Lebenszeit, und selbst dies nur unter unsäglichen Bedingungen, erreichen.

Folgen für die Umwelt

In den großen Fleischfabriken finden wir bis zu 50 000 Kälber oder 100 000 Hühner zusammengepfercht auf engstem Raum. Rinder produzieren während der Verdauung Methan. Dieses Gas trägt zehnmal mehr zum Treibhauseffekt bei als Kohlenstoffdioxid und ist wesentlich mitverantwortlich für die globale Erwärmung. Die industrielle Fleischproduktion ist nach Hausfeuerungsanlagen und Individualverkehr der drittgrößte Verursacher von Treibhausgasen.

Quelle der Ungleichheit

Der größte Teil des Fleisches aus Massentierhaltung wird in den reichen Ländern konsumiert, doch das pflanzliche Eiweiß, das als Futter für das Schlachtvieh dient, wird hauptsächlich auf den Anbauflächen der armen Länder dieser Welt erzeugt. Aus zehn Kilogramm direkt verwertbarem pflanzlichen Eiweiß wird ein Kilogramm Fleisch gewonnen. Ein Hektar Land kann fünfzig Vegetarier, aber nur zwei Fleischesser ernähren. Jährlich werden 750 Millionen Tonnen Soja und Mais nur für die industrielle Fleischproduktion und die Gewinnung von Biokraftstoffen erzeugt, während 1,4 Milliarden Menschen an Unterernährung leiden.

Und was ist mit unserer Gesundheit?

Dabei ist das Ganze nicht einmal gut für die Gesundheit. Eine Studie, die 2012 von der Harvard University an mehr als

100 000 Teilnehmern über mehrere Jahre hinweg durchgeführt wurde, belegt, dass bei täglichem Fleischkonsum das Risiko, an einer Herz-Kreislauf-Erkrankung zu sterben, bei Männern um 18 Prozent und bei Frauen um 21 Prozent steigt, das Risiko, an Krebs zu sterben, um 10 beziehungsweise 16 Prozent.[11]

Heute haben bereits drei der neun genannten Parameter – Klimawandel, Verlust an Artenvielfalt, Stickstoffeintrag – die kritische Grenze überschritten (der Stickstoffeintrag gar um das Dreifache), die übrigen sechs nähern sich dieser Grenze in rasantem Tempo. Die Natur leidet extrem unter all diesen »Errungenschaften« der Menschheit und wird in ihrer materiellen Struktur zerstört: Die Luft, die wir atmen, ist verschmutzt, das Wasser denaturiert, und auf die »Lebensmittel«, die wir zu uns nehmen, trifft beides zu. Wir sind im Begriff, die Quellen zu vergiften, aus denen sich das Leben seit seinen Anfängen speist. Nicht zu vergessen der Verlust an landwirtschaflicher Artenvielfalt: 60 Prozent der traditionellen Nutzpflanzen und -tiere, ein Erbe, das von Generation zu Generation weitergegeben wurde, sind in weniger als hundert Jahren von der Bildfläche verschwunden. Die Überlebensfähigkeit der Menschheit wird kontinuierlich geschwächt. Die Nitratbelastung hat längst die kritische Marke überschritten, und die tödlichen Konsequenzen des Klimawandels treten weltweit immer deutlicher zutage.

Die ausweglose Situation, in der wir uns befinden, mag etwas Bedrückendes haben, doch kann sie auch befruchtend wirken, wenn wir uns nicht zu lange Zeit lassen.

Natürlich lässt sich nicht mit absoluter Sicherheit festlegen, wie hoch die einzelnen Grenzwerte sind, doch es steht fest, dass die Biosphäre sich mittlerweile in einem kritischen Zustand befindet. In welcher Welt werden wir im Jahr 2050 leben? Was kommt möglicherweise an Gefahren auf uns zu? Setzt sich der gegenwärtige Trend fort, so werden bis dahin 30 Prozent der Arten von der Erde verschwunden sein, darunter Millionen von Insektenarten, die zur Erhaltung der Biosphäre unentbehrlich sind. Unsere Maßlosigkeit von gestern und heute gefährdet auf lange Sicht die Existenz selbst. Führen Sie sich einmal vor Augen, dass heute gut hunderttausend Personen unter völligem Ausschluss der Öffentlichkeit über das Schicksal von sieben Milliarden Menschen bestimmen, die aktuell auf der Erde leben. Und über das Schicksal von Hunderten Milliarden von Menschen und Tieren, die noch nicht geboren sind und sich daher auch nicht zur Wehr setzen können. Wenn man sich das einmal genau überlegt, so ist die eklatanteste Verletzung der Rechte aller lebenden Wesen die Verwüstung dieses Planeten, der das Erbteil aller noch kommenden Generationen ist.

Ein neuer Ariadnefaden

Zahlreiche Indikatoren lassen keinen Zweifel daran, dass wir die Zerstörung der Erde schon recht weit vorangetrieben haben. Vielleicht erwachen wir ein bisschen spät aus unserem Dämmerschlaf, doch möglicherweise bleibt uns noch genügend Zeit, um alle Kräfte des menschlichen Geistes zusammenzunehmen und so nicht nur der Zerstörung des Planeten Einhalt zu gebieten, sondern auch ein nachhaltiges Gleichgewicht zwischen den lebenden Wesen und ihrer Umwelt zu etablieren. Die ausweglose Situation, in der wir uns befinden, mag etwas Bedrückendes haben, doch kann sie auch befruchtend wirken, wenn wir uns nicht zu lange Zeit lassen. Das Gute daran ist, dass sie vielleicht Zweifel zu wecken vermag an der Art, wie wir die Dinge im Augenblick handhaben: Dieser Zweifel kann zum Vater einer veränderten Art des Denkens werden.

Ein großer amerikanischer Bankier meinte vor einigen Jahren im Zusammenhang mit dem Ansteigen des Meeresspiegels und der Konsequenzen, die dieser jetzt und in der Zukunft mit sich bringen wird, dass er es für unsinnig halte, wegen hypothetischer Veränderungen, die in hundert Jahren eintreten könnten, unseren aktuellen Lebensstil umzustellen. Welches Heilmittel gibt es gegen dieses egoistische und unverantwortliche »Nach mir die Sintflut!«?

Diese Frage bringt uns zu einer der großen Herausforderungen der modernen Welt, nämlich der Versöhnung der drei zeitlichen Perspektiven im Denken: das kurzfristige Denken, das mehr und mehr unsere Wirtschaft beherrscht, das mittelfristige Denken, welches die Lebensqualität des einzelnen Menschen im Auge hat, und das langfristige Denken, das umweltorientiert ist.

- Für das kurzfristige Denken kann die Finanzwelt als Beispiel dienen. Wer verfolgt nicht mit verwundertem Blick das Auf und Ab an den Börsen. Nur wenige Menschen begreifen noch das dahinterstehende System. An den Börsen haben Computer Einzug gehalten, die bis zu vierhundert Millionen Rechenoperationen in der Sekunde ausführen und auf minimale Kursschwankungen reagieren können, die unter Umständen Milliarden einbringen.
- Das mittelfristige Denken: Der Zeitraum, der eine Generation, eine Familie, eine Karriere, ein Leben umfasst.
- Das langfristige Denken: Der Zeitraum, in dem sich unser Planet entwickelt, wird in Blöcke von zehntausend oder hunderttausend Jahren eingeteilt. Mittlerweile aber geschehen Veränderungen in einem viel schnelleren Rhythmus.

Der Altruismus ist der Ariadnefaden, der uns erlaubt, diese drei zeitlichen Perspektiven im Denken wieder miteinander zu verweben. Kurzfristig mehr Achtung für andere zu zeigen heißt, dass man nicht im Casino das Geld der Anleger verzockt, die es der Bank oder einem Investor in gutem Glauben anvertraut haben. Es heißt, dass man allen Menschen Lebensbedingungen bietet, die ihnen erlauben, sich selbst zu entfalten. Es heißt, dass wir kommenden Generationen keinen ausgeplünderten, zerstörten Planeten hinterlassen.

Damit dies geschehen kann, müssen wir das Recht auf Wohlergehen aller lebenden Wesen achten und schützen und uns in gelassener Bescheidenheit einrichten. Wir müssen uns befreien von der Qual der ungezügelten Konsumgier. Und wir müssen die Verbindung wahren zu dem, was wesentlich ist. Damit dies gelingt, müssen wir alle künstlichen Unterscheidungen aufgeben und begreifen, dass die Wirklichkeit unteilbar ist und ökologisch eins vom anderen abhängt. Wir müssen endlich verstehen, dass die Menschheit eins ist – trotz unseres unterschiedlichen Äußeren. Tief im Innern besitzen wir eine gemeinsame Identität.

Welches Problem man auch nimmt, es kann keine gesellschaftlichen Veränderungen geben, wenn wir uns nicht als Menschen ändern, denn die Gesellschaft als Ganzes ist nichts anderes als der Ausdruck unserer Überzeugungen.

2

FREI WERDEN VON EINER GESELLSCHAFT, DIE UNS ENTFREMDET

CHRISTOPHE ANDRÉ

Der Psychiater Christophe André war einer der Ersten, der in der Psychotherapie, speziell am Pariser Hôpital Sainte-Anne, mit Meditationstechniken arbeitete.

Ich denke, dass Veränderung damit beginnt, dass man besser auf sich selbst achtgibt. Ich sage das vielleicht nur, weil ich Psychiater bin und nicht Landwirt oder Politiker. Die Gründe, warum ich es für wichtig halte, dass wir uns uns selbst zuwenden, haben nichts mit

Nabelschau oder Egoismus zu tun. Vielmehr geht es darum, das zu schützen und zu heilen, was unser Menschsein ausmacht: unser Innenleben. Und diese inneren Qualitäten sind durch bestimmte Phänomene unserer heutigen Zeit bedroht.

Denn je mehr wir zu Konsumenten werden, zu Kaufmaschinen, die bestimmten Moden folgen, vor dem Fernseher oder anderen Videokanälen hocken, desto mehr büßen wir an menschlichen Qualitäten ein ... Und je mehr wir an menschlichen Qualitäten verlieren, desto größer ist die Gefahr, die wir für unsere Mitmenschen und die Erde als Ganzes darstellen. Das ist meine feste Überzeugung.

Das mag sich im ersten Moment vielleicht nach einer Generalabrechnung mit der modernen Welt anhören, doch an der modernen Welt ist beileibe nicht alles verdammenswert. Um nur ein kleines Beispiel zu nennen: Ohne die vielfältigen Möglichkeiten, die der Fortschritt mit sich bringt, wäre die Begegnung, die zur Entstehung dieses Buches geführt hat, gar nicht möglich gewesen.

Es geht also nicht darum, den Fortschritt und die moderne Welt in Grund und Boden zu verdammen, denn wir leben in einer wunderbaren und spannenden Zeit. Vielmehr sollten wir uns Gedanken darüber machen, wie wir von den Gegebenheiten der modernen Welt besser, klüger und vor allem mit dem gebotenen Kampfgeist Gebrauch machen können. Denn an der Dringlichkeit solcher Veränderungen – einer Dringlichkeit, wie sie in der Menschheitsgeschichte bislang einzigartig ist – besteht kein Zweifel. »Wir müssen lernen, wie Brüder zusammenzuleben, sonst werden wir wie Idioten zusammen sterben«, warnte uns schon Martin Luther King in seiner letzten Rede, die er vier Tage vor seiner Ermordung hielt.

Auf uns und der uns umgebenden Natur lasten vielfältige Bedrohungen. Auf einige dieser Bedrohungen möchte ich im Folgenden näher eingehen. Ich beziehe mich dabei auf einige Arbeiten, welche die Auswirkungen des Materialismus auf die Menschen (die mir als Patienten anvertraut sind oder mit denen ich in Berührung komme), auf meine Familie, meine Freunde und mich selbst belegen. Diese Arbeiten haben außerdem den Vorteil, dass sie in engem Zusammenhang stehen mit unseren täglichen Lebensäußerungen und uns dadurch vielfältige Einflussmöglichkeiten eröffnen, wie wir später noch sehen werden.

Die Gründe, warum ich es für wichtig halte, dass wir uns uns selbst zuwenden, haben nichts mit Nabelschau oder Egoismus zu tun. Vielmehr geht es darum, das zu schützen und zu heilen, was unser Menschsein ausmacht: unser Innenleben.

Die materialistische Seuche

Mit einigem Recht darf man sich fragen, ob nicht zum ersten Mal in der Geschichte der Menschheit der technische Fortschritt mehr Probleme schafft, als er löst. So ist es heutzutage eine bekannte Tatsache, dass ein Mensch oder auch eine ganze Gesellschaft umso unglücklicher ist, je materialistischer ihre Haltung ist.[12] Je materialistischer ein Mensch oder auch eine ganze Gesellschaft ist, desto mehr leiden sie. An dieser Stelle ist eine kleine Begriffsklärung nötig. In der Sprache der Psychologen bedeutet »Materialismus« etwas anderes als in der Philosophie. Wenn wir in der Psychologie diesen Begriff verwenden, meinen wir damit eine Einstellung, die uns *materielle* Werte wie Geld, Besitz oder Status auf Kosten eher *immaterieller* Werte wie Teilen, Spiritualität, Zufriedenheit und ähnliches höher bewerten lässt.

Es gibt zahlreiche wissenschaftliche Studien, die samt und sonders belegen, dass eine materialistische Einstellung – im Gegensatz zu der in unserer Gesellschaft vorherrschenden Ansicht, dass das Glück im Konsum liegt – uns leiden lässt. Werbung wirkt, weil sie uns das Versprechen auf mehr Wohlbefinden verkauft, und nicht etwa Sofas, Autos oder Kleidung. Nun wissen wir mittlerweile aber, dass derartige Käufe uns nur vorübergehend größeres Wohlbefinden verschaffen, wofür die sogenannte hedonistische Adaption verantwortlich ist. Was ist darunter zu verstehen? Damit ist jene Eigenschaft in uns gemeint, die uns Dinge, mit denen wir täglich Umgang haben, als Selbstverständlichkeit und nicht länger als Quelle des Glücks betrachten lässt. So wie ein gesunder Mensch die Tatsache, dass er zwei Beine hat, auf denen er gehen kann, meist als normal betrachtet und nicht als Glück und Geschenk ... bis er sich eines Tages den Knöchel bricht. Tim Kasser, ein amerikanischer Psychologieprofessor, auf den Matthieu Ricard in seinem Kapitel noch einmal eingehen wird, hat zahlreiche Aufsätze[13] zu den negativen Auswirkungen des zunehmenden Materialismus in der heutigen Gesellschaft publiziert.

Dies ist eine sehr beunruhigende Entwicklung, zumal dieses Virus langsam aber sicher die jüngere Generation infiziert. Damit will ich nicht sagen, dass wir, die Alten, »besser« und die Jungen »schlechter« sind. Eher das Gegenteil trifft zu: Denn schließlich haben wir die Welt geschaffen, in der unsere Kinder aufwachsen, und sind verantwortlich für die Werte, die wir ihnen vermitteln. Und diese von uns geschaffene Welt ist verseucht und infiziert mit dem Virus des Materialismus. Seit mehreren Jahrzehnten werden in den USA Studenten, die sich neu an den Universitäten einschreiben, Fragebögen überreicht, in denen sie Auskunft über ihr Persönlichkeitsprofil geben. Anhand solcher Fragebögen wird deutlich, dass seit den Sechzigerjahren Studenten, die einmal die Bürger der Welt von morgen sein werden, eine immer materialistischere Haltung an den Tag legen.[14] Nun könnte man freilich damit argumentieren, dass es sich hier nicht um eine repräsentative Bevölkerungsgruppe handelt, dass dies ein rein nordamerikanisches Phänomen ist, dass man von der Einstellung von Universitätsstudenten nicht auf die Gesamtheit der Jugendlichen schließen könne und so weiter. Doch die Wahrscheinlichkeit ist groß, dass das Virus des Materialismus uns alle angeht und mit der fortschreitenden Ausbreitung des westlichen Lebensstils langsam die gesamte Weltbevölkerung infiziert.

Dies ist ein ernsthaftes Problem, denn eine Kultur, eine Zivilisation definiert sich nicht bloß durch die Güter, die sie erzeugt, sondern auch über das Wertesystem, das sie vertritt und auf das sie sich gründet. Unser Wertesystem wird zusehends durch extrem materialistische Größen – wie Status, Geld, Aussehen, Durchsetzungs- und Leistungsfähigkeit, den wirtschaftlichen Nutzen, den ein Mensch abwirft, und die sozialen Kosten, die er verursacht – unterminiert oder gleich komplett abgelöst. Bestimmte moralische Grundwerte sind mittlerweile durch diese soziologischen Schadstoffe einer ähnlich ruinösen Belastung ausgesetzt wie das Grundwasser durch giftige Chemikalien.

Nun ist dies nichts Neues. Schon im 19. Jahrhundert prangerte der amerikanische Dichter und Philosoph Henry David Thoreau diese Entwicklung an, in einer Zeit, als der amerikanische Kapitalismus und die moderne Welt entstanden: »Ich glaube, dass der Geist auf Dauer entweiht werden kann durch die Gewohnheit, nichtige Dinge aufzunehmen, sodass alle unsere Gedanken einen Anstrich von Nichtigkeit erhalten.«[15] Für ihn stand fest, dass wir geistig umso stärker infiziert werden, je länger wir dieser extrem zynischen, allein von den Gesetzen des Profits regierten Welt ausgesetzt sind, selbst wenn wir anfänglich deren Wertesystem nicht teilen.

Wenn wir »ungeschützten Kontakt« mit dieser Welt haben, wenn wir zu ihr nicht innerlich Distanz wahren und sie nicht infrage stellen, setzen wir uns einem gefährlichen Risiko aus. Es genügt nicht, uns zu sagen, dass wir doch frei entscheiden können, ob wir dieses Spiel mitmachen wollen oder nicht. Wir müssen begreifen, dass wir diese Dinge mit unserem Geist ebenso unvermeidlich aufnehmen wie Schadstoffe aus Luft, Wasser oder Lebensmitteln mit dem Körper. Der Sachverhalt ist exakt der gleiche: Wir sind einer extrem hohen Dauerbelastung mit Schadstoffen ausgesetzt, nur sind sie eben psychischer und sozialer Natur.

Übermäßiger Konsum und Überfluss

Das erste Problem, das wir uns bewusst machen müssen, ist der allseits herrschende Überfluss. Seit ihren Kindertagen musste die Menschheit sich meist mit dem Phänomen der Knappheit, speziell der Nahrungsknappheit, auseinandersetzen. Um seinen Magen zu füllen, konnte man nicht einfach ins Regal greifen. Denn selbst wenn kein Mangel an Nahrung herrschte, so erforderte ihre

Beschaffung dennoch einen erheblichen Aufwand. Daher hatte Nahrung immer auch Symbolcharakter. Heute aber sorgt das in den westlichen Ländern grassierende Virus des Materialismus dafür, dass alle Welt den Bezug zum täglichen Brot verliert. Sobald sich in Entwicklungsländern ein gewisser Wohlstand ausbreitet, machen daher Mangelkrankheiten sehr schnell Krankheiten Platz, die vom Überfluss herrühren. In einigen der größeren Städte findet sich beides nebeneinander. Dort, wo die Einwohner vor ein paar Jahren noch an Unterernährung litten, beobachten wir jetzt Fettleibigkeit und Diabetes Typ 2 (verursacht durch Übergewicht).

Dass wir in einer Gesellschaft leben, in der ein Überangebot an Nahrungsmitteln herrscht, ist nicht etwa ein Glücksfall, sondern ein ernsthaftes Problem. Die Ergebnisse eines Tierversuchs an Ratten, die eine sogenannte »Cafeteria-Diät« erhielten, sind in diesem Zusammenhang höchst aufschlussreich.[16]

Und es gibt noch eine interessante Studie, die unsere moderne Völlerei enthüllt. 2010 untersuchte eine Gruppe von Wissenschaftlern Darstellungen des Letzten Abendmahls.[17] Sie fanden heraus, dass im Verlaufe eines Jahrtausends die Größe der Teller und die Menge der darauf dargestellten Nahrung um 70 Prozent zugenommen haben. Die spärlich gefüllten Teller der ersten Abendmahlsdarstellungen wichen im Laufe der Zeit immer opulenteren Mahlzeiten. In diesen Bildern spiegelt sich unser Hang zum Exzess: viel zu große Portionen auf viel zu großen Tellern.

DAS EXPERIMENT MIT DEN CAFETERIA-RATTEN

Der folgende Versuch wurde mit Zwillingsratten durchgeführt, die dieselben genetischen Merkmale besitzen und unter exakt denselben Bedingungen gehalten wurden, sodass sie in jeder Hinsicht vergleichbar sind.

- Eine Gruppe Ratten bekam artgemäße Ernährung (Getreide, Gemüse etc.). Obwohl sie freien Nahrungszugang hatten und so viel fressen konnten, wie sie wollten, war an ihnen keine Gewichtszunahme festzustellen.
- Die zweite Gruppe hatte ebenfalls freien Zugang zur Nahrung, doch ihr Futter bestand aus einer sogenannten »Cafeteria-Diät«: die Art von »Lebensmitteln«, die in der Werbung angepriesen werden und die überreich an Salz, Zucker und Farbstoffen sind. Die Ratten langten ordentlich zu und fraßen weit mehr, als sie brauchten, da ihr Gehirn nicht darauf eingerichtet ist, dieser Art von Überschuss zu widerstehen. Die Folge war, dass die Ratten stark übergewichtig wurden.

Daraus können wir schließen, dass die Ratten aus der ersten Gruppe nur so viel fraßen, wie sie brauchten. Sie hörten auf zu fressen, sobald ihr Körper ihnen signalisierte, dass es genug war. Bei den Cafeteria-Ratten jedoch fielen diese Regulierungsmechanismen angesichts des ständig wechselnden Überangebots an minderwertiger Nahrung aus, und sie wurden krank. Dieser Versuch weckte das Interesse der Diabetologen. Sie übertrugen das Modell auf den Menschen und konnten nachweisen, dass die epidemieartige Zunahme an Diabeteserkrankungen größtenteils mit dieser Form von Ernährung zusammenhängt.[18]

Wie können wir uns diesem Trend widersetzen? Könnten wir nicht damit anfangen, dass wir achtsamer werden, was unser Verhalten bei Tisch angeht? In Gesellschaft nichts oder nur maßvoll zu essen, erfordert Anstrengung, während Essen eigentlich etwas Spontanes ist. Genau da liegt das Problem, und darum ist es einerseits leicht, unser Verhalten zu ändern (wir müssen ja nur Nein sagen). Andererseits ist es schwer (weil mit Anstrengung verbunden).

Die negative Rolle von Geld

Eine ganze Reihe wissenschaftlicher Untersuchungen widmet sich der Frage, welche Folgen es hat, wenn man sich ständig mit Geld befasst. Und diese zeigen nicht minder beunruhigende Resultate. Die freiwilligen Teilnehmer einer klinischen Studie[19] wurden in zwei Gruppen eingeteilt. Die erste Gruppe wurde dem sogenannten »Priming« ausgesetzt, einer Technik, bei der das Unterbewusstsein des Probanden in einer bestimmten Richtung stimuliert wird. Im konkreten Fall mussten die Teilnehmer eine Reihe kleinerer Aufgaben am Computer lösen. Die Art der Aufgaben ist dabei nebensächlich, doch zwischen den einzelnen Übungen wurden den Probanden Geldscheine als Bildschirmhintergrund gezeigt. Die Kontrollgruppe musste die gleichen Aufgaben lösen, doch zeigte man hier den Teilnehmern statt der Geldscheine Bilder von Blumen,

> Sobald der Gedanke an Geld im Spiel ist, verhalten wir uns weniger solidarisch und wenden uns von unseren Mitmenschen ab.

Schuhen, Tischen oder anderen neutralen Motiven. Bei einem weiteren Priming musste die erste Gruppe weiße Blätter nach Größe und den darauf aufgedruckten Zahlen ordnen. Die geprimte Gruppe bekam dagegen Geldscheine zum Sortieren.

Die Studie ist so angelegt, dass sie bei der Priming-Gruppe in der ersten Phase des Versuchs unterschwellig den Gedanken »Geld« stimuliert. In der zweiten Phase des Versuchs bringt man die beiden Gruppen zusammen und bittet sie, bestimmte mehr oder weniger komplizierte Aufgaben zu lösen, wobei betont wird, dass sie, falls nötig, andere Teilnehmer um Hilfe bitten können. Es zeigte sich, dass die Probanden aus der Priming-Gruppe weniger um Hilfe baten und dass sie, wenn sie um Hilfe gebeten wurden, dafür weniger Zeit aufwandten. Als der Versuchsleiter am Ende des Versuchs die Teilnehmer bat, sich um ihn herumzusetzen, um miteinander zu diskutieren, stellten die Probanden aus der Priming-Gruppe ihre Stühle weiter vom Versuchsleiter entfernt auf als die Probanden aus der Kontrollgruppe.

Das zeigt, dass wir uns augenblicklich weniger solidarisch verhalten und uns von unseren Mitmenschen abwenden, sobald der Gedanke an Geld im Spiel ist, und dieser Effekt wirkte auch noch einige Zeit nach dem Versuch nach. Das Beunruhigende an diesem Experiment ist die Tatsache, dass Geld in unserem Leben allgegenwärtig ist. Viele Menschen machen Geld zu ihrem Lebensinhalt, sei es aus Gier, um immer noch mehr anzuhäufen, oder aus schierer Notwendigkeit, um das Nötige zum Leben zusammenzubekommen.

Monitore, digitale Spielereien und andere Aufmerksamkeitsräuber

Zum Überangebot an Nahrung gesellt sich eine Flut von anderen Verlockungen, die beständig unsere Aufmerksamkeit fordern: Handytöne, SMS, E-Mails, Tweets – diese digitalen Sirenengesänge stellen ein ernsthaftes Problem dar. Untersuchungen haben gezeigt, dass ein halbstündiger Spaziergang in einer urbanen Umgebung nachweislich unserer Gesundheit nicht so zuträglich ist wie ein gleich langer Spaziergang in einem Wald oder einem Park.[20] Die größere Umweltverschmutzung mag hierbei sicherlich eine Rolle spielen, doch könnte dafür auch die Tatsache verantwortlich sein, dass in der Stadt unsere Aufmerksamkeit ständig von anderen Dingen abgelenkt wird, von Lärm, Ampeln, Leuchtreklamen und anderen urbanen Reizen, die unser Augenmerk auf sich ziehen.

Dazu fällt mir eine Geschichte ein, die mir eine Patientin erzählt hat. Eines Abends, während sie sich im Fernsehen eine Show ansah, meinte sie zu sehen, dass in der gegenüberliegenden Wohnung ein Stroboskoplicht wie in einer Disco flackerte. Neugierig schaute sie genauer hin: Diese hektisch flimmernden, grellen Farbblitze wurden aber vom Fernseher ihres Nachbarn verursacht. Sie sagte sich: »Der Typ ist doch nicht ganz bei Trost! Wenn er Epileptiker ist, kriegt er von dem Geflimmer glatt einen Anfall … Irre, dass ein Fernseher so stark flimmern kann.« Und dann wandte sie sich wieder ihrer Sendung zu. Doch die Neugierde war geweckt: Sie sah noch einmal zu dem hektisch flackernden Fernseher ihres Nachbarn hinüber, dann wieder auf ihren Fernseher und … mit einem Mal wurde ihr bewusst, dass sie beide dieselbe Sendung eingeschaltet hatten! Die Sendung hatte sie so sehr absorbiert, dass sie überhaupt nicht merkte, dass genau die gleiche Reizüberflutung auf sie selbst niederging.

Vergleicht man das Fernsehen der Sechzigerjahre mit dem von heute, erkennt man, dass die größte Neuerung nicht die Einführung des Farbfernsehens war, sondern der aktuell viel schnellere Wechsel zwischen den Bildeinstellungen. Konnte eine Einstellung früher mehrere Minuten lang sein, so dauert sie heute selten noch länger als drei Sekunden. Unterstützen nun solche zerhackten Bilder die Botschaft, die transportiert werden soll? Mit Sicherheit nicht, sie reduzieren lediglich Inhalte auf ein TV-Spektakel. Darüber hinaus stellt dieser rasche Bildwechsel, ohne dass wir uns dessen bewusst werden, einen Frontalangriff aufs Gehirn dar. Es kann sich nicht mehr länger auf den Inhalt konzentrieren, zuhören, nachdenken und sich ein eigenes Urteil bilden, das nicht nur von der äußeren Form beeinflusst ist.

Diese Flut von ablenkenden Reizen verursacht bei einigen Menschen, wenn auch nicht bei allen, Störungen der Konzentrationsfähigkeit. Jeder, der regelmäßig meditiert, hat die Erfahrung gemacht, dass man nicht die erhoffte Stille und den inneren Raum erfährt, wenn man zu meditieren anfängt, sondern dass der Geist sich zunächst aufgewühlt zeigt und unsere Gedanken ständig abschweifen. Freilich neigt unser Geist von Natur aus zu permanenter Geschwätzigkeit, doch was heute erschwerend hinzukommt, ist, dass unsere moderne Lebenswelt diese Neigung noch verstärkt, statt uns in irgendeiner Form ein Gegengewicht zu bieten. Wir denken nicht mehr in Ruhe über die Dinge nach, sondern reagieren reflexhaft auf das, was die Medien uns vorsetzen. Alles gerät so zum Medienspektakel, das nur noch von Werbeblöcken unterbrochen ist.

Zahlreiche Studien belegen diese schier unbezwingliche Lust des Geistes am Herumschweifen. Dieses vollkommen natürliche Phänomen wird durch die zahlreichen mentalen Umweltgifte, denen wir ausgesetzt sind,

Es ist wissenschaftlich belegt, dass unser Wohlbefinden nicht nur davon abhängt, was wir tun, sondern auch davon, wie aufmerksam wir uns unserer Aufgabe widmen.

verstärkt. Im Rahmen einer vor nicht allzu langer Zeit durchgeführten Studie[21] mit mehreren Tausend Teilnehmern sollten die Probanden mehrmals täglich festhalten, was sie gerade taten, wie sie sich fühlten (»eher gut« oder »eher schlecht«) und vor allem, ob sie mit dem Kopf bei dem waren, was sie gerade taten, oder ob ihre Gedanken abgeschweift waren. Zu diesem Zweck mussten sie eine App auf ihr Handy laden und eine Reihe von Fragen beantworten, sobald sie eine Nachricht auf ihr Handy bekamen. Die Teilnehmer sollten sich auf diese Weise bewusst machen, welchen Grad an Aufmerksamkeit sie ihrer augenblicklichen Beschäftigung entgegenbrachten. Die Forscher konnten nachweisen, dass unser Wohlgefühl nicht allein von der Art unserer Tätigkeit abhängt, sondern auch vom Level der Aufmerksamkeit, wobei die Art der Betätigung nachrangig ist. Es ist wissenschaftlich belegt, dass unser Wohlbefinden nicht nur davon abhängt, was wir tun, sondern auch davon, wie aufmerksam wir uns unserer Aufgabe widmen.

Dies bedeutet im Umkehrschluss, dass wir uns umso unwohler fühlen, je mehr wir uns ablenken lassen. Ein

Beispiel: Sitzen wir mit guten Freunden zusammen, sind aber mit unseren Gedanken ganz woanders, macht uns das nicht so glücklich, als wenn wir ganz auf unsere Arbeit konzentriert sind! Es stimmt schon: Um glücklich zu sein, müssen wir im »Hier und Jetzt« sein, doch das können wir nur dann, wenn unsere Aufmerksamkeit stabil ist. Es ist wichtig, sich klarzumachen, welche (messbare) Bedeutung es für unser Wohlbefinden hat, wie wir die Dinge tun und wie präsent wir dabei sind.

Die Gefahren des Zeitdrucks

Der enorme Zeitdruck, den unser Lebensstil mit sich bringt, gibt möglicherweise noch mehr Anlass zur Beunruhigung. Wir ersticken schier an der Vielzahl von Dingen, die wir am Wochenende, im Urlaub und in der Freizeit erledigen müssen.

Manchmal passiert es mir, dass ich am Sonntagmorgen aufwache und mir denke: »Wie willst du es schaffen, an einem einzigen Tag all die Leute zu treffen, die du treffen willst, alle Telefonate zu erledigen, die du erledigen musst, und all die Arbeiten ums Haus zu tun, die gemacht werden sollten?« Es ist Sonntag, alles läuft gut, und trotzdem ist da dieser dauernde Druck. Das ist doch absurd!

Eine schon etwas ältere Studie zeigt, dass so eine Winzigkeit wie das Gefühl, unter Zeitdruck zu stehen, unser Verhalten und unsere Wertvorstellungen durchaus beeinflussen kann. Die Teilnehmer dieser Studie waren durchweg Studenten der Theologie, die ein identisches Persönlichkeitsprofil aufwiesen. Die Forscher baten sie, eine Predigt über das Gleichnis vom barmherzigen Samariter aus dem Neuen Testament vorzubereiten.[22] Das Gleichnis erzählt die Geschichte eines Mannes, der eine gefährliche Gegend durchquert, von Räubern überfallen, geschlagen, ausgeplündert und am Straßenrand liegen gelassen wird, weil sie ihn für tot halten. Ein Mann kommt an dem Verwundeten vorbei, dann noch einer, doch sie bleiben nicht stehen, wohl, weil sie Angst haben.

Dazu erhalten die Studenten die folgende Anweisung: »Bitte setzen Sie sich aufmerksam mit diesem Text auseinander und bereiten Sie eine Predigt dazu vor. Ihre Predigt wird dann in einem Tonstudio aufgezeichnet.« Nachdem die Studenten durch das Studium dieser Bibelstelle für das Thema Altruismus und Hilfeleistung gegenüber Fremden sensibilisiert sind, werden sie in das Studio geschickt, das im angrenzenden Stadtviertel liegt. Der einen Hälfte der Studenten sagt man vorher: »Sie haben jetzt noch genügend Zeit für den Weg ins Tonstudio. Wenn Sie unterwegs nicht gerade herumtrödeln, kommen Sie gut hin.« Der anderen Hälfte der Gruppe wird erklärt: »Bitte beeilen Sie sich, Sie sind schon spät dran. Wenn Sie nicht schnell machen, verpassen Sie Ihren Aufnahmetermin, und die Predigt kann nicht mehr aufgezeichnet werden!«

Auf dem Weg ins Studio finden die Studenten dann einen Schauspieler, der wie der Überfallene aus dem Gleichnis vom barmherzigen Samariter auf der Straße liegt. Auf diese Weise wollten die Forscher herausfinden, ob das Verhalten der Figuren sowie der Gesamttenor des Gleichnisses Einfluss auf ihre Hilfsbereitschaft hatten. Es stellte sich heraus, dass der Zeitdruck, den man auf die Studenten ausgeübt hatte, der wichtigste Einflussfaktor war. Von den Studenten, auf die man keinen Druck ausgeübt hatte, blieben zwei Drittel stehen, um dem Opfer zu helfen. Das andere Drittel, das nicht stehen blieb, fühlte sich vermutlich gestresst von der Aussicht, gleich in ein Mikrofon sprechen zu müssen. In der anderen Gruppe bewirkte das Gefühl des Zeitdrucks, das man in ihnen erzeugt hatte, dass nur 10 Prozent stehen blieben. Nur einer von zehn! Dabei handelte es sich durchweg um Theologiestudenten, die gerade eines der wichtigsten Gleichnisse zum Thema »Hinwendung zu anderen« eingehend studiert hatten!

Das Ergebnis dieser Untersuchung sollte uns zu größter Bescheidenheit mahnen. Die Leichtigkeit, mit der wir unsere guten Absichten und moralischen Grundsätze aus dem irrigen Gefühl der Gehetztheit heraus über Bord werfen, ist irritierend, schmerzlich, beschämend, deprimierend und … durch und durch real!

DAS GLEICHNIS VOM BARMHERZIGEN SAMARITER

Martin Luther King gab in einer seiner letzten Reden vor seiner Ermordung eine Deutung dieses Gleichnisses: »Nun, möglicherweise haben der Priester und der Levit sich gesagt, als sie diesen Mann da liegen sahen, dass die Räuber noch irgendwo in der Nähe sein könnten. Vielleicht haben sie sogar geglaubt, dass der Mann sie nur reinlegen wollte. Dass er nur so tat, als sei er verwundet worden, um ihnen eine Falle zu stellen und sie dann urplötzlich und umso leichter zu überfallen. So war auch die erste Frage, die der Levit stellte: ›Was passiert mir, wenn ich stehen bleibe, um diesem Mann zu helfen?‹«
Aber es kam auch der barmherzige Samariter vorbei, und er stellte die Frage genau andersherum: ›Was passiert diesem Mann, wenn ich nicht stehen bleibe, um ihm zu helfen?‹«
Martin Luther King ruft uns mit großer Einsicht ins Bewusstsein, dass der Priester und der Levit, die nicht stehen blieben, dafür wohl denselben Grund hatten wie wir: Angst. Doch der Dritte, der des Weges kommt, der Samariter, bleibt stehen. Er kommt dem Verwundeten zu Hilfe, bringt ihn in eine Herberge und gibt dem Wirt Geld, damit er sich um den Mann kümmert.

Unsere natürlichen Anlagen beziehungsweise unser Wertesystem werden ständig durch irgendwelche unbedeutenden Dinge aus den Angeln gehoben. Wir müssen unermüdlich versuchen, alles aufzuspüren und sein zu lassen, was uns das Gefühl gibt, unter Zeitdruck zu stehen und Unmengen Pflichten erledigen zu müssen, weil dies unsere Menschlichkeit immer weiter aushöhlt.

Was können wir konkret für die Gesellschaft tun?

Ja, was können wir tun? Das mag sich jetzt vielleicht lächerlich anhören, aber aktiv zu werden heißt zunächst einmal zu begreifen, dass die Dinge, von denen hier die Rede war, Tatsachen sind, dass sie einen Einfluss auf uns haben und dass wir uns dessen bewusst werden müssen. Dieser Akt des Bewusstmachens darf nicht vernachlässigt werden: Die aktive Verschmutzung unseres Denkens, unseres Herzens und unserer Werte ist in vollem Gange. Sie ergreift immer mehr Besitz von uns. Angesichts der vielen Einflüsse, denen wir ausgesetzt sind, muss unsere Haltung aktiv, wachsam und kämpferisch sein.

Natürlich verlangt jede Veränderung einiges an Anstrengung. Vor allem dürfen wir unseren Gegner niemals unterschätzen. Als ich die zitierten Studien so las, wurde mir eines in aller Schärfe bewusst: Wir halten uns für schlauer, als wir tatsächlich sind. Es wäre ein folgenschwerer Fehler zu glauben, wir besäßen einen freien Willen und wären gegen diese Einflüsse und Verlockungen gefeit. Ganz im Gegenteil, wir sind sogar sehr empfänglich dafür, sind uns aber der Bedeutung und der Macht dieser Einflussnahme auf uns nicht bewusst.[23] Zahlreiche Studien zu Psychologie und Neuromarketing untersuchen bis ins kleinste Detail, wie man uns am besten beeinflussen kann.[24] Unternehmen bieten einiges an Brainware und Geld auf, um diese Erkenntnisse umzusetzen, wobei sie von den verfügbaren wissenschaftlichen Daten weidlich Gebrauch machen.[25] All das soll uns dazu verleiten, bloß nicht zu viel nachzudenken und unser Innenleben zu vernachlässigen.

Vor einiger Zeit gab es mal einen Werbespot, in dem der Preis einer Sitzung beim Psychologen mit dem Preis verschiedener Kleidungsstücke verglichen wurde. Natürlich ist es leichter, die eigene Stimmung durch unreflektiertes Shopping zu heben als durch die manchmal auch schmerzliche Auseinandersetzung mit sich selbst. Gerade dieser Werbespot scheint mir sehr bezeichnend für die Gefahren, mit denen wir uns in der heutigen Zeit konfrontiert sehen. Wer kennt nicht Slogans wie diese: Wer wird denn gleich zum Psychologen rennen ... gönnen Sie sich lieber ein bisschen Spaß. Das hört sich witzig an, aber hier werden Dinge verglichen, die nichts miteinander zu tun haben oder zu tun haben sollten, weil die Zielrichtung jeweils eine ganz andere ist. Und allmählich wird dieser Gedankengang Allgemeingut.

Einmal mehr müssen wir feststellen, dass die Geschichte sich wiederholt. Zu Beginn des vorigen Jahrhunderts schrieb Stefan Zweig: »Die veränderten Bedingungen, denen unser Leben heute unterworfen ist, reißen uns aus unserer inneren Sammlung und verjagen uns aus uns selbst, wie Waldbrand die Tiere aus dem Wald jagt.« Solche Entwicklungen sind nichts Neues. Neu daran sind ihr massiertes Auftreten, das schnellere Tempo und die Möglichkeiten, die unsere Gesellschaft diesen entmenschlichenden Kräften an die

Hand gibt. Doch gibt es auch Mittel und Wege, dem gegenzusteuern, zum Beispiel, wenn wir uns wieder auf die Natur rückbesinnen. Es gibt zahlreiche Berührungspunkte zwischen den Werten, welche die Achtsamkeitsmeditation vertritt, und ökologischen Werten wie denen, für die Pierre Rabhi eintritt. Was diese Positionen verbindet, ist eine gefühlsmäßige Beziehung zur Natur, ein Gefühl der Demut ihr gegenüber und das Wissen um unsere Abhängigkeit von allem. Diese beiden Ansätze ergänzen einander bestens.

Mehrere wissenschaftliche Untersuchungen weisen darauf hin, dass der Grundtenor der Ökologie und der Achtsamkeitsmeditation quasi identisch ist.[26] Dies ist eine wichtige Erkenntnis, denn es gab eine Zeit, da bekam man immer wieder zu hören: »Das ist ja alles schön und gut, aber grünes Denken besteht ja nur aus Einschränkungen und Verpflichtungen. Und das nervt die Leute, weil sie Abstriche an ihrem gewohnten Lebensstil machen müssen. Darum sind sie auch kaum mehr bereit, in dieser Richtung aktiv zu werden.« Meditation in ihren verschiedenen Formen macht uns viel sensibler für unsere subtileren Befindlichkeiten.[27] Wer meditiert, hört eher auf seine innere Stimme, wenn er einen Werbespot anschaut oder vor einem übervollen Teller sitzt. Er ist eher bereit innezuhalten: »Stopp! Da läuft was falsch!« Diese höhere Sensibilität kann uns vor dem Dauerfeuer mentaler Gifte schützen, die uns immer weiter in die materialistische Grundhaltung hineinlocken wollen.

Wir haben das Glück, in einer spannenden Zeit zu leben, die uns viele Möglichkeiten bietet. Die uns aber auch etwas abverlangt: nicht unbedingt ein festes Wertesystem, aber zumindest das, was in der Meditation als »Absicht« oder »Intention«bezeichnet wird.

Ein anderer Lösungsansatz wäre es, unsere Lebensqualität nicht von materialistischen Werten abhängig zu machen, sondern andere Werte zu pflegen, wie zum Beispiel Offenheit für den Augenblick, für unsere Mitmenschen und für unsere Gefühle. Das so entstandene Wohlbefinden verträgt sich auch gut mit einem ökologischen Bewusstsein.

Wir leben in einer wunderbaren Welt und wir haben das Glück, in einer spannenden Zeit zu leben, die uns viele Möglichkeiten bietet. Die uns allerdings auch etwas abverlangt, was nicht unbedingt ein festes Wertesystem sein muss, aber zumindest das, was in der Meditation als »Absicht« bezeichnet wird: Wir müssen wissen, wo wir sind und wohin wir uns wenden wollen. Und was wir mit unseren Bemühungen zu erreichen wünschen.

Sich selbst ändern, um die Welt zu verändern?

Das eine geht nicht ohne das andere, denn wir können die Welt nicht (oder zumindest nicht nur) mit einem einmaligen Energieausbruch verändern, sondern nur durch langfristigen, kontinuierlichen Einsatz. Veränderung bedeutet ja nicht (nur) auszumerzen, was nicht funktioniert, sondern auch, den Grundstein zu legen für das, was man an seiner statt entstehen sehen möchte. Wenn wir daher die Tugenden, von denen wir möchten, dass die Welt ihnen folgt, nicht in uns tragen und sie – so gut wie möglich – vorleben, werden wir weder andere mit unseren Ideen »anstecken« noch Problemen und Widrigkeiten standhalten können.

All die Fortschritte, die in den vergangenen Jahrzehnten erzielt wurden, geben uns Grund zur Hoffnung. Wir haben es nun endlich begriffen, dass wir trotz unseres überlegenen Intellekts letztlich zerbrechlich und abhängig sind, abhängig voneinander und von der Natur. Uns unsere Zerbrechlichkeit und damit unsere Gefährdung bewusst zu machen, könnte unsere Rettung sein.

WER MICH INSPIRIERT

Michel de Montaigne (1553–1592)

Aus den Schriften Michel de Montaignes schlägt uns immer wieder der Duft des einfachen Lebens entgegen. Hören Sie

nur seine verschmitzte Antwort, die er einem imaginären Gesprächspartner gibt:
»Heute habe ich überhaupt nichts getan.«
»Wie? Haben Sie denn nicht gelebt? Das ist nicht nur Ihre wesentlichste, sondern auch Ihre vornehmste Aufgabe …«
Montaigne erinnert uns daran, dass wir, selbst wenn wir nicht produktiv sind, immer noch leben!
Und er lehrt uns Weisheit und Offenheit. So drückt er einmal sein Bedauern aus, dass er seinen Koch nicht auf eine Reise durch Europa mitgenommen hat. Misstraute er etwa der lokalen Küche und vermisste seine heimatlichen Gerichte? Mitnichten! Es tat ihm deswegen leid, weil sein Koch dadurch die fremden Gerichte nicht kennenlernen und zu Hause für seine Freunde zubereiten konnte. Weisheit und der Geist der Offenheit verbergen sich manchmal in Kleinigkeiten – manchmal? Nein, immer.
Den wahren Weisen erkennt man nicht an seinen Worten, sondern an seiner Art zu leben. Das ist einer der vielen Gründe, warum ich Montaigne mag und er mir stets eine Quelle der Inspiration ist.

Henry David Thoreau (1817–1862)

Thoreau, der »amerikanische Diogenes«, wie er auch genannt wird, schuf mit seinem Buch *Über die Pflicht zum Ungehorsam gegen den Staat* die geistigen Grundlagen des gewaltlosen zivilen Widerstands. Seine Ideen wirkten auch prägend auf Gandhi und Martin Luther King. In diesem Buch schreibt er darüber, wie das entschlossene beispielhafte Handeln eines Einzelnen andere dazu bewegen kann, seinem Vorbild zu folgen. Doch genauso entschieden wendet er sich in einem anderen seiner Werke, *Leben ohne Grundsätze*, gegen jeden blinden Aktionismus. »Ich glaube, es gibt nichts, nicht einmal das Verbrechen, was der Dichtung, der Philosophie, ja dem Leben selbst so entgegengesetzt ist wie diese unablässige Geschäftigkeit.«[28] In seinem Hauptwerk *Walden* schließlich verherrlicht er die Einsamkeit, die sich der Welt und dem Leben öffnet.

Thoreau war einer der Vorläufer der Umweltbewegung. Durch sein gesamtes Werk, speziell aber durch seine Tagebücher, zieht sich eine Überzeugung wie ein roter Faden: Nur wenn sich der Mensch die Nähe zur Natur bewahrt, kommt er mit der Fülle seines Innenlebens in Berührung, erhält er seine Gesundheit und gewinnt an Einsicht. Je weiter er sich von der Natur entfernt, desto gefährdeter ist er.

Meine drei Strategien, um im Leben präsent zu bleiben

1. Die digitale Entziehungskur

Was können wir tun, um in unserem Leben präsenter zu sein? Wie können wir uns zum Beispiel aus dem Netz digitaler Abhängigkeiten befreien?

☞ Wir können uns abgewöhnen, dass wir nach dem Aufstehen als Erstes den Computer einschalten, um unsere E-Mails oder unsere Facebook-Wall zu checken, sondern uns stattdessen einfach hinsetzen, atmen, meditieren.

☞ Wir können uns mehrmals am Tag eine Zeit reservieren, in der wir nicht ans Telefon gehen oder auf E-Mails antworten. Diese Zeit können wir stattdessen unserem Hobby, unserem Partner oder unseren Freunden widmen.

☞ Bevor wir ausziehen, um die Welt zu verbessern, ja noch bevor wir anfangen, uns selbst zu verändern, sollten wir uns vielleicht einfach mal mehr mit unserem Innenleben beschäftigen. Schlichtweg nur beobachten, was in uns vorgeht. Wir wenden uns uns selbst zu und können von dort aus den Faden unserer Existenz wieder aufnehmen, bewusst und achtsam in den Entscheidungen, die wir zu treffen haben.

Das ist der Punkt, an dem Veränderung beginnt.

Wenn wir für uns selbst die Entscheidung treffen, in unserem Leben präsenter zu sein, sind wir auch für unsere Mitmenschen mehr da, und das wirkt absolut ansteckend.

2. Achtsam essen

Wenn wir vor unserem Teller oder einem bestimmten Gericht sitzen, können wir auf die Signale unseres Körpers horchen und uns fragen: »Worauf habe ich jetzt wirklich Appetit? Muss ich wirklich essen, was da auf meinem Teller liegt? Muss ich meine Kinder oder meine Freunde nötigen, alles aufzuessen?«

Doch wir können noch viel mehr tun: So können wir immer, wenn dies möglich ist, zum Beispiel darum bitten, dass man uns kleinere Portionen serviert. Damit wirken wir dem ungesunden Trend, die Teller immer mehr anzufüllen, ein wenig entgegen. Als Individuen allerdings können wir hier wenig erreichen. Wir brauchen Organisationen, die sich gegen diese Art der Nahrungsmittelverschwendung einsetzen. Diese sollten wir in ihren Bemühungen unterstützen.

3. Dankbarkeit und Großzügigkeit entwickeln

An jedem Tag sollten wir uns dankbar daran erinnern, dass alles, was wir an Glück erleben, seinen Ursprung hat in dem, was uns umgibt. Daher sollten wir:

☞ etwas für einen anderen Menschen tun: ihm freundlich zulächeln, ihn trösten, ihm etwas schenken, ihm zur Hand gehen oder für ihn beten.
☞ etwas für unsere Mutter Erde tun: sie bewundern, ihr danken, sie schützen.
☞ nicht vergessen, auch für uns selbst etwas zu tun: uns achtsam einen Moment der Freude, der Stille, der Sinnerfülltheit gönnen.

Lieben Sie alles, denn das Leben ist schön! Und geben Sie, so viel Sie können: Das Leben ist noch schöner, wenn wir teilen!

3

ACHTSAMKEIT: DIE REVOLUTION VON INNEN

JON KABAT-ZINN

Der emeritierte Professor der University of Massachusetts setzt sich aktiv für die therapeutische Anwendung der Achtsamkeitspraxis ein. Mittlerweile arbeiten weltweit über 700 Kliniken mit dieser Methode.[*]

---

* Dieses Kapitel ist eine überarbeitete Fassung des Beitrages von Jon Kabat-Zinn auf der *Conférences Émergences* in Brüssel am 28. und 29. September 2012.

Wenn ich Sie fragte, was man tun könnte, um die Welt zu verändern, würden Sie vermutlich nicht spontan mit »meditieren« antworten. Vertrautheit mit sich selbst zu entwickeln erscheint da kaum als Erfolg versprechender Ansatz. Vielleicht sagen Sie sich auch, dass Sie Wichtigeres zu tun haben und sich um diese Dinge später kümmern werden – was übrigens ein häufiges Muster ist, wenn es um eine grundlegende Änderung unserer alten Gewohnheiten geht. Wir verschieben die fälligen Änderungen auf »später«: auf morgen, auf nächste Woche, auf die Zeit nach dem Urlaub, auf nächstes Jahr.

Doch wann leben wir wirklich, wenn nicht in diesem Augenblick? Wann haben wir tatsächlich Gelegenheit, an uns und unserer Umgebung etwas zu verändern? Die Grundidee der Achtsamkeitspraxis ist es, einfach in jedem Moment unseres Lebens ganz präsent zu sein. Um das Bewusstsein für die Bedeutung des gegenwärtigen Augenblicks zu schärfen, sage ich den Leuten immer, wenn sie mich fragen, wie spät es ist: »Mein Gott, wie seltsam. Es ist immer noch jetzt!«

Krishnamurti sagte, dass nicht nur zwischen Innenwelt und Außenwelt jedes Einzelnen eine Beziehung besteht, sondern auch zwischen seinem Innehalten und seinem Tun. Nun, bemüht man sich um ein Verständnis des gegenwärtigen Augenblicks, dann sieht man, dass es keinen wirklichen Unterschied gibt zwischen dem, was in uns, und dem, was außerhalb von uns passiert. Wenn man diesen Satz so liest, mag das vielleicht ganz

Um das Bewusstsein für die Bedeutung des gegenwärtigen Augenblicks zu schärfen, sage ich den Leuten immer, wenn sie mich fragen, wie spät es ist: »Mein Gott, wie seltsam. Es ist immer noch jetzt!«

selbstverständlich klingen, doch wenn man dementsprechend lebt, verändert sich die Welt.

In einer Welt, die uns, wie Christophe André erläutert hat, dazu bringt, uns selbst auf die äußere Welt zu projizieren, scheint mir die Achtsamkeitsmeditation ein dringend notwendiges Werkzeug zu sein, um verändernd auf die Welt einzuwirken. Ein Werkzeug des Wandels in dem Sinne, dass wir uns erlauben, ein Gespür dafür zu entwickeln, wer wir sind. Nicht in dem Sinne, dass wir dabei zu einem anderen Menschen werden. Indem wir uns einfach still hinsetzen und innehalten, können wir uns und die Welt verändern. Tatsächlich haben wir dieses Ziel – auf ganz unprätentiöse, aber dennoch nicht unwesentliche Weise – bereits erreicht, wenn wir uns schlicht hinsetzen und nicht bewegen.

Rein vom Aspekt des Wandels her betrachtet, ist das Meditieren keine sehr abwechslungsreiche Angelegenheit, doch in der Meditation ist Wiederholung das A und O. Sie ermöglicht uns zu erkennen, dass wir Teil eines größeren Netzwerks sind, Teil eines Ganzen, das sich viel weiter ausdehnt als die Oberfläche unserer

Haut. Und so werden wir durch diese ständig wiederholte Introspektion »taoisiert«. Wir erkennen, dass wir eingewebt sind in einen Fluss ständiger Veränderungen, die unabhängig von uns oder unserem Bewusstsein existieren.

Die Methoden der Achtsamkeitsmeditation erlauben Ihnen zu erkennen, dass, was Ihr Leben angeht, Sie selbst Ihre eigene und wichtigste Autorität sind. Niemand auf dieser Welt kennt Sie so gut wie Sie. Und niemand außer Ihnen hat die Macht und die Mittel, Ihr ureigenstes Potenzial zu verwirklichen, um zu wachsen und ganz Sie selbst zu werden.

Ein sicherer Hafen in tosender Brandung

Im Pali, der Sprache, die zu Zeiten des Buddha gesprochen wurde, wurde Meditation als *bhavana* bezeichnet. Der Begriff bedeutet wörtlich »etwas kultivieren, sich mit etwas vertraut machen«. In der Literatur und vor allem innerhalb der verschiedenen buddhistischen Schulen findet man zahlreiche, einander ergänzende Erklärungen zur Achtsamkeitsmeditation, die alle auf den ursprünglichen Lehren des Buddha beruhen. An dieser Stelle müssen wir nicht näher auf die verschiedenen Begriffe eingehen. Es genügt festzuhalten, dass es darum geht, unsere Weisheit, unsere Erkenntnisfähig-

Die Essenz der Achtsamkeit ist universell. Sie ist ein wesentliches Merkmal der Natur des menschlichen Geistes und nicht einer bestimmten Ideologie, Glaubensrichtung oder Kultur zugehörig.

keit (in dem Sinne, dass wir die Dinge klarer sehen) zu schulen und in Geist und Herz ein Gleichgewicht zu entwickeln, das sich letztlich als emotionale Intelligenz, als Mitgefühl und Wohlwollen in uns ausdrückt.

Achtsames Gewahrsein ist die Form von Bewusstheit, die entsteht, wenn wir unsere Aufmerksamkeit auf den gegenwärtigen Augenblick richten, ohne ihn zu beurteilen. Der aus Deutschland stammende buddhistische Mönch Nyanaponika Thera meinte, Achtsamkeit sei der Generalschlüssel zu unserer unfehlbaren Fähigkeit, den Geist zu erkennen. Achtsamkeit und Bewusstheit sind nicht spezifisch buddhistisch. Die Essenz der Achtsamkeit ist universell. Sie ist ein wesentliches Merkmal der Natur des menschlichen Geistes selbst und nicht einer bestimmten Ideologie, Glaubensrichtung oder Kultur zugehörig.

Die Achtsamkeitsmeditation lädt uns dazu ein, geistige Fähigkeiten zu kultivieren, die bereits in uns angelegt sind. An dieser Stelle möchte ich ein Bild von Thich Nhat Hanh gebrauchen, das schon ein wenig auf das Kapitel von Pierre Rabhi vorausweist: Die Samen sind in der Erde, das Potenzial ist da. Nun müssen wir diese Samen regelmäßig mit der nötigen Menge Wasser versorgen. Dazu müssen wir nur unser Herz öffnen. Weil es uns Menschen aber schwerfällt, achtsam zu sein und zu bleiben, müssen wir uns in Achtsamkeit schulen, und dies nicht nur dann, wenn wir gerade im Stress sind, sondern regelmäßig und jeden Tag.

Wir dürfen dabei aber nicht aus den Augen verlieren, dass Meditation eher eine Seinsweise als eine Technik ist. Es geht nicht nur darum, mit geradem Rücken auf seinem Kissen oder Teppich zu sitzen. Natürlich ist auch die korrekte Sitzhaltung wichtig, doch wäre es falsch, Meditation darauf reduzieren zu wollen. Die Praxis der Meditation umfasst, Augenblick für Augenblick, alle Bereiche unseres Lebens und beeinflusst alle Entscheidungen, die wir treffen. Sie öffnet uns die Augen für unsere Verhaltensmuster, die uns von unseren Gewohnheiten diktiert werden. Es ist so leicht, zu schauen, ohne zu sehen, zu horchen, ohne zu hören, zu essen, ohne zu schmecken, den Geruch der regenfeuchten Erde nicht zu riechen, ja sogar andere zu berühren, ohne sich bewusst zu sein, welche Empfindungen dabei entstehen.

Bildlich gesprochen können wir das Entwickeln von Achtsamkeit mit einem Krafttraining im Fitnessstudio vergleichen. In der Achtsamkeitspraxis sind unsere Gewohnheitsmuster der Widerstand oder das Gewicht, das wir zum Training auflegen, um die Muskeln von innerer Ruhe, geistiger Klarheit und Einsicht zu trainieren.

Wenn man anfängt, achtsam zu beobachten, was sich im eigenen Geist abspielt, stellt man fest, dass dort nicht nur bloß das blanke Chaos herrscht, sondern ein Chaos, in das sich viele andere Dinge mischen, und in diesem komplexen Gemenge versuchen wir unermüdlich, unseren Weg zu finden. Beim Meditieren geht es nun darum, in diesem Durcheinander einen festen Ort zu finden, an dem wir uns niederlassen können, und unser Körper eignet sich hervorragend zu diesem Zweck. Eine englische Redensart sagt: »You can't leave home without it«, das heißt, wir können unseren Körper ganz im Gegensatz zu Brille, Schlüssel oder Handy nie zu Hause vergessen. Ebenso wenig können wir unseren Atem vergessen, der uns vom ersten bis zum letzten Augenblick begleitet. Daher können Körper und Atmung zuverlässige Verbündete unserer Achtsamkeit werden und uns immer in den gegenwärtigen Augenblick zurückbringen.

Wenn wir den Atem benutzen, um uns in der Gegenwart zu verankern, so bedeutet dies nicht, an den Atem oder die durch den Atem ausgelösten Empfindungen zu

Wir dürfen nicht aus den Augen verlieren, dass Meditation eher eine Seinsweise als eine Technik ist. Es geht nicht nur darum, mit geradem Rücken auf seinem Kissen oder Teppich zu sitzen.

denken, sondern den Atem zu spüren, so als würden wir auf seinen Wellen reiten wie ein Blatt auf dem Wasser oder als würden wir wie ein Floß auf den sanften Wogen des Ozeans oder eines Sees treiben und dabei jeden einzelnen Atemzug fühlen.

Wandel durch Selbsterkenntnis

Der berühmte Sufi Nasreddin begibt sich eines Tages zur Bank, um einen großen Scheck einzureichen. Da meint der Schalterbeamte zu ihm: »Nasreddin, der Betrag auf diesem Scheck ist sehr hoch. Hast du irgendetwas dabei, aus dem hervorgeht, dass du auch wirklich du bist?« Nasreddin kramt in seiner Tasche, doch statt eines Ausweises holt er einen kleinen Spiegel hervor. Nachdem er sein Spiegelbild gründlich gemustert hat, sagt er im Brustton der Überzeugung zum Schalterbeamten: »Nein, kein Zweifel, das bin ich!«

Wir haben einen Namen, ein bestimmtes Alter und eine bestimmte Lebensgeschichte (beziehungsweise Lebensgeschichten), die wir uns erzählen und an die wir uns klammern. Wir glauben zu wissen, wer wir sind, woher wir kommen und wohin wir gehen. Doch tatsächlich ist keine dieser Geschichten zu hundert Prozent wahr. Wären unsere Eltern bei unserer Geburt »anders drauf gewesen«, hätten wir heute vielleicht einen ganz anderen Namen. Und ist unser Alter wirklich so bedeutsam? Schließlich handelt es sich nur um

Beim Achtsamkeitstraining sind unsere Gewohnheitsmuster der Widerstand, gegen den wir arbeiten, um die Muskeln von innerer Ruhe, geistiger Klarheit und intuitiver Einsicht zu trainieren.

einen Zahlenwert, der sich aus der Anzahl der Umläufe der Erde um die Sonne seit dem Tag unserer Geburt ergibt.

Wenn es uns in der Meditation gelingt, vollkommen präsent zu sein, und sei es nur für eine Nanosekunde, erfahren wir uns selbst und die Welt auf eine ganz andere Art. Wenn unsere Gedanken anfangen abzuschweifen, können wir es uns zur Gewohnheit machen, uns zunächst einmal darüber klar zu werden, was unseren Geist da eigentlich beschäftigt. Im nächsten Schritt führen wir den Geist wieder zu unserem Körper – oder was auch immer wir als Objekt unserer Aufmerksamkeit gewählt haben – zurück, und dies so oft, wie sich unser Geist von unseren gewohnheitsmäßigen Gedanken ablenken lässt. Auf diese Weise üben wir uns darin, in der Totalität unseres menschlichen Potenzials präsenter zu sein.

Die Achtsamkeitsmeditation ist keine Therapie und schon gar keine Psychotherapie, aber sie wirkt therapeutisch. Durch die Achtsamkeitsmeditation lernen wir uns selbst besser kennen, und diese Selbsterkenntnis

»Leben heißt, anderen nützlich zu sein.« SENECA

wirkt heilend und wandelnd. Hier liegt aller Ursprung von Weisheit und Mitgefühl. Meditieren heißt nicht, dass wir uns zwingen, glücklich zu sein, wenn wir unglücklich sind, heißt nicht, uns »runterzufahren«, wenn wir überdreht sind, heißt nicht, uns zu zwingen, die Dinge nicht in gut und schlecht einzuteilen, wenn wir sie in gut und schlecht einteilen. Denn sobald wir das tun, fällen wir ein Werturteil über uns und aktivieren unseren inneren Kritiker. Außerdem verbirgt sich hinter diesem Bemühen die Vorstellung, wir müssten nur zwei oder drei Dinge abstellen, um zu einem erwachten, verwirklichten Wesen, einem vollkommenen Buddha zu werden. Ein derartiges Verständnis von Meditation führt uns auf eine falsche Fährte, denn tatsächlich gibt es nichts abzustellen, da wir bereits vollkommen sind. Es ist vollkommen normal und natürlich, dass wir uns zuweilen ängstlich, verloren oder traurig fühlen. Wir versuchen in der Meditation lediglich, eine neue Art und Weise zu entwickeln, mit solchen Erfahrungen zu sein – eine Haltung, in der wir unsere Angst, unseren Kummer, unseren Schmerz in unsere Achtsamkeit hineinnehmen und umarmen. Dies ermöglicht uns, mit einer anderen Dimension unser selbst in Berührung zu kommen, der Dimension unserer inneren Weisheit, die in manchen Traditionen als »Buddhanatur« bezeichnet wird und schon immer da war, nur dass wir sie nie bemerkt haben.

So gesehen kann die Achtsamkeitsmeditation als Praxis der Geistesbefreiung betrachtet werden in dem

Sinn, dass man falsche Ansichten, die man über seine wahre Natur hegt, ablegt. So tritt der nicht-duale Aspekt unserer inneren Wirklichkeit zutage. Oder wie es im Herz-Sutra heißt: Es gibt »keinen Weg der Erlösung, keine Erkenntnis und auch kein Erreichen«. Es wäre ein Irrtum, wollten wir einen Zustand vollständiger geistiger Achtsamkeit oder irgendeinen anderen meditativen Zustand zu erreichen suchen. Stattdessen sollten wir danach streben, die wahre Natur unseres Geistes, so wie sie ist, in eben diesem Augenblick zu erkennen. Ich halte es für wichtig, dass wir unsere Energie nicht darauf verschwenden, irgendeinen hypothetischen Zustand in einer fernen Zukunft anzustreben. Vielmehr sollten wir uns ganz, sozusagen mit Haut und Haaren, und mit viel Mitgefühl und großem Wohlwollen für uns selbst dem gegenwärtigen Augenblick öffnen.

Die Achtsamkeitsrevolution

Bis vor nicht allzu langer Zeit galt Meditation im besten Fall als spirituell-philosophische Methode, im schlimmsten Fall als seltsame Marotte von ein paar Ökos und New-Age-Spinnern.

Mit der Mindfulness- oder Achtsamkeitspraxis erleben wir zum ersten Mal, dass sich zwei unterschiedliche Erkenntniswege verbinden: auf der einen Seite die wissenschaftliche Methodik, die sich ab der Renaissance herausgebildet hat, auf der anderen Seite die über mehrere Jahrtausende entwickelte Wissenschaft des Dharma. So wie unser Gehirn zwei interagierende Hälften hat, machen immer mehr Menschen die Verbindung dieser beiden Methoden zu einem integralen Bestandteil ihrer körperlichen, emotionalen und geistigen Transformation.

Und all jene, die von dem transformatorischen Potenzial der Achtsamkeit auf allen Ebenen ihres Seins erfasst wurden, werden zur Quelle der Inspiration für ihre Umwelt. Natürlich muss man, will man dieses Potenzial wirklich verstehen, es durch eigene Erfahrung kennenlernen und verinnerlichen, doch setzt allein schon das Vorbild eine gewisse Dynamik in Gang. So sind zum Beispiel im medizinischen Sektor immer mehr Menschen – Ärzte wie Patienten – bereit, die Entwicklung einer »achtsamen Medizin« zu ihrer Lebensaufgabe zu machen.

Wissenschaft und Bewusstsein

Eines Vormittags während eines Treffens am *Mind and Life Institute* (siehe S. 90), bei dem Meditierende und Wissenschaftler sich zu einem informellen Gedankenaustausch zusammengefunden hatten, stellte der Dalai Lama die folgende Frage: »Alles, was hier diskutiert wird, ist sehr interessant, doch was können wir konkret für die Menschen tun?« Diese Frage gab den Anstoß zu einem Forschungsprojekt, das die kurz- wie langfristigen Auswirkungen eines Geistestrainings, wie es die Meditation darstellt, untersuchen sollte. Ich arbeitete an diesem Projekt in erster Linie mit Richard Davidson von der University of Wisconsin-Madison. Zu diesem Thema wurde eine ganze Reihe von Studien durchgeführt: in Frankreich von Francisco Varela und seinem Institut, in Madison von Richard Davidson und Antoine Lutz, in San Francisco und Berkeley von Paul Ekman und Robert Levenson, in Princeton von Jonathan Cohen und in Maastricht und Zürich von Tania Singer. Nach Abschluss der Vorarbeiten wurden die Teilnehmer – ordinierte wie nicht ordinierte Männer und Frauen aus Ost und West, die zwischen 10 000 und 60 000 Stunden praktische Erfahrung in der Achtsamkeitsmeditation beziehungsweise in der Meditation über Mitgefühl und liebende Güte besaßen – untersucht. Die Ergebnisse wurden in mehreren Artikeln in angesehenen wissenschaftlichen Zeitschriften publiziert. Die kontemplativen Neurowissenschaften waren geboren.

Heute interessieren sich immer mehr »rationale« Wissenschaftler für die Meditation und üben sie auch praktisch, was sie in die Lage versetzt, auf der Grundlage ihrer persönlichen Erfahrung wissenschaftliche Studien mit einem speziellen Format und speziellen Fragestellungen zu planen. Diese jüngsten Entwicklungen helfen uns zu verstehen, was Meditation aus der subjektiven Perspektive tatsächlich bedeutet. Die Ansicht, dass sich Wissenschaft nur mit der äußeren Welt und meditative Traditionen nur mit der Innenwelt be-

Anzahl der wissenschaftlichen Studien zur Achtsamkeitsmeditation zwischen 1980 und 2012[29]

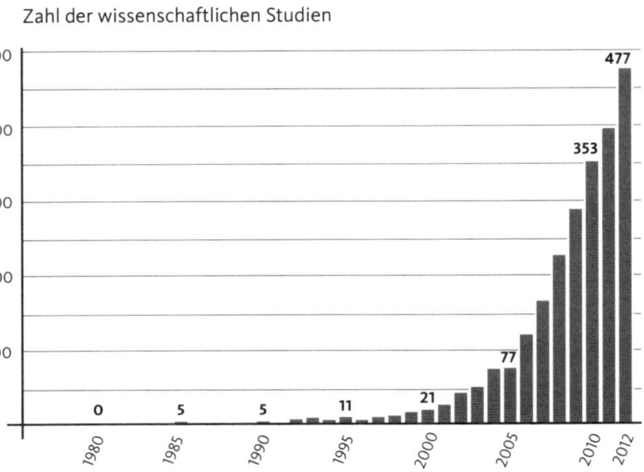

fassen, ist schlicht Resultat eines schlecht informierten geistigen Hochmuts und der dazugehörigen groben wie simplifizierenden Verallgemeinerungen. Trotzdem hat man ein bisschen den Eindruck, dass die Wissenschaft von ihrer Grundhaltung und Methodik her mehr der äußeren Welt zugewandt ist, während die kontemplativen Traditionen ihr Forschungsobjekt eher in der Innenwelt sehen.

Die »Dialoge« am Mind & Life Institute tragen dazu bei, solche scharfen Trennungen infrage zu stellen und aufzuweichen. Sie haben wesentlich Anteil daran, dass unterschiedliche Erkenntniswege und vielversprechende Forschungsvorhaben sich gegenseitig befruchten. Sie bilden so eine Schnittstelle zwischen den aktuellen großen Zeitströmungen. Als ich 1979, also vor über dreißig Jahren, die *Stress Reduction Clinic* an der Medical School der University of Massachusetts gründete, konnte ich nicht ahnen, dass die Forschungsarbeiten zur Achtsamkeit einen solchen Auftrieb erfahren würden. Die Zahl der veröffentlichten Artikel verfünffachte sich zwischen 2005 und 2010 (siehe Diagramm S. 88).

Durch die Forschungen der Neurowissenschaftler konnte nachgewiesen werden, dass viele unserer körperlichen Prozesse ähnlich wie unsere Sinnesorgane funktionieren. Das gilt vor allem für die Propriozeption, die es uns ermöglicht, die räumliche Position unseres Körpers im Raum sowie seinen Spannungszustand zu erfühlen, zum Beispiel, wenn wir Essen zum Mund führen, was wir sogar mit geschlossenen Augen tun können. Wir brauchen dabei kein visuelles Feedback, der Körper findet den richtigen »Weg« von selbst. Ein anderes Beispiel ist die Enterozeption oder Viszerozeption, die uns Signale über die Tätigkeit unserer Organe liefert, ohne dass wir uns diesen Vorgängen bewusst zuwenden müssten. Analog dazu stelle ich mir gerne vor, dass die Achtsamkeit eine Wahrnehmungsfunktion ist, mittels derer wir das Beziehungsgeflecht zwischen uns und unserer Umwelt sowie das, was uns unsere Sinnesorgane darüber vermitteln, auf einem sehr viel feineren Niveau wahrnehmen.

MIND AND LIFE

Der Dalai Lama zeigte von jeher ein starkes Interesse an den Wissenschaften. Die ersten Mind-Life-Gespräche waren als eine Art Vorlesungsreihe gedacht, die ihm Einblick in jene wissenschaftlichen Disziplinen geben sollten, für die er sich am meisten interessierte, für die es im Rahmen der traditionellen Ausbildung eines buddhistischen Mönchs aber keinen Raum gab. Die ersten dieser Begegnungen fanden im indischen Dharamsala statt. Aus ihnen entstand im Jahre 1987 das *Mind and Life Institute,* gegründet von dem Neurowissenschaftler Francisco Varela, der unter Anleitung einiger der bedeutendsten tibetischen Meister meditiert hatte, und dem amerikanischen Geschäftsmann Adam Engle. Im Laufe der Jahre brachten die Dialoge am Mind and Life Institute Psychologen und Neurowissenschaftler, Mediziner und Philosophen, Physiker, Molekularbiologen und Pädagogen sowie ordinierte und nicht ordinierte Praktizierende der verschiedenen buddhistischen Schulen und anderer spiritueller Traditionen zusammen. Heute beschränken sich die Aktivitäten des Instituts nicht mehr auf die Organisation von Dialogen zum Zweck des Gedankenaustauschs und des gegenseitigen Kennenlernens, sondern es gibt auch Programme und Initiativen, um Menschen konkrete Hilfestellungen anzubieten. Dazu kamen nach und nach Dialoge, die für einen größeren Kreis geöffnet wurden. Sie brachten Studenten, Wissenschaftler und Intellektuelle zusammen. So erhielten sehr viel mehr Menschen Gelegenheit, ihre Energie in eine wissenschaftliche und kulturelle Hintergründe übergreifende Forschung einfließen zu lassen.[30] Mittlerweile besitzt das Mind and Life Institute auch einen Ableger in Europa.[31]

Achtsamkeit im Dienste der Patienten

Zahlreiche Studien haben klar gezeigt, dass Patienten die Symptome gleich welcher Krankheit deutlich lindern können, wenn sie sich in dieser Form der Aufmerksamkeitsschulung üben. Gleichzeitig intensivierten sich ihre Beziehungen zu Familienangehörigen und Freunden und erweiterte sich ihr Lebensradius. Das bedeutet natürlich nicht, dass durch die Achtsamkeitspraxis ihr Leiden verschwindet, zumindest nicht zwangsläufig. Doch sie fanden eine Möglichkeit, den gegenwärtigen Augenblick, ihren Körper und ihre Krankheit auf eine neue Weise zu erfahren, und dies ist für die meisten eine große Befreiung. Einige Studien jüngeren Datums konnten mittels Magnetresonanztomographie zeigen, wie sich bestimmte Hirnareale nach nur acht Wochen MBSR (Mindfulness-Based Stress Reduction: Achtsamkeitsbasierte Stressreduktion) deutlich verändert hatten: Im Bereich des Hippocampus, des Gyrus cinguli, des temporoparietalen Übergangs sowie des Kleinhirns, also jenen Hirnarealen, die für Lernen und Gedächtnis, Nähe und Distanz, motorische Koordination, Einfühlungsvermögen und Regulierung der Emotionen[32] zuständig sind, war eine deutliche Verdichtung der grauen Masse zu verzeichnen. Ebenfalls war eine Vergrößerung der Amygdala bei gleichzeitiger Verringerung des Stressempfindens zu verzeichnen.[33]

Zu den vielen wissenschaftlich nachgewiesenen positiven Effekten der Achtsamkeitsbasierten Kognitiven

Therapie zählt auch das um 50 Prozent verringerte Rückfallrisiko von Patienten, die bereits zwei oder mehr Episoden einer schweren Depression durchlebt hatten.[34] Achtsamkeitsmeditation beeinflusst darüber hinaus den Heilungsprozess von Patienten mit Schuppenflechte, die einer UV-Behandlung unterzogen werden, die nebenbei bemerkt ziemlich belastend wirkt. In Zusammenarbeit mit Dr. Jeff Bernhard, Leiter der dermatologischen Abteilung an der Medical School der University of Massachusetts haben wir Schuppenflechtepatienten in zwei Gruppen eingeteilt. Eine Gruppe praktizierte zusätzlich zur UV-Therapie Meditation, die andere nicht. Die Patienten der ersten Gruppe wurden viermal schneller geheilt als die der zweiten. Diese klinische Studie zeigt sehr schön, wie sich im Rahmen der integrativen Medizin schulmedizinische und komplementärmedizinische Ansätze verbinden lassen.[35]

In Zusammenarbeit mit Dr. Richard Davidson von der University of Wisconsin-Madison führten wir eine weitere Studie zu Wohlbefinden und Gesundheit durch. Eine Teilnehmergruppe nahm am 8-Wochen-Kurs in MBSR teil. Vor Aufnahme des Kurses wiesen beide Gruppen dieselben Erregungsmuster im Gehirn auf. Nach dem achtwöchigen Meditationstraining jedoch zeigte sich, im Gegensatz zur Gruppe, die keine Meditation praktizierte, bei der MBSR-Gruppe eine höhere Aktivität in bestimmten Arealen des linken Frontallappens. Diese Veränderungen im Gehirn zeigen eine Zunahme von positiven Emotionen sowie ein effizienteres problembezogenes Handeln in Stresssituationen an. Die MBSR-Gruppe zeigte zudem eine bessere Immunantwort auf die Grippeimpfung, die die Teilnehmer am Ende der Studie erhielten. In der MBSR-Gruppe zeigte sich weiterhin eine signifikante Beziehung zwischen den Veränderungen des Frontallappens (wobei eher der linke als der rechte Frontallappen aktiviert wurde) und der Bildung von Antikörpern, während diese in der Nicht-MBSR-Gruppe nicht auftrat.[36]

AUS DER PRAXIS: STRESSBEWÄLTIGUNG DURCH ACHTSAMKEIT (MBSR) IN DER KLINIK

Bei der Anwendung der Stressbewältigung durch Achtsamkeit im Rahmen einer Heilbehandlung absolvieren die Patienten einen achtwöchigen Trainingskurs in einer Klinik.[37] Der Kurs besteht aus einem Übungsabend pro Woche sowie einer ganztägigen Übungseinheit am Samstag der sechsten Woche, während der die Teilnehmer stille Meditation praktizieren. Ein Übungsabend, an dem zwischen zwanzig und dreißig Patienten mit den unterschiedlichsten Krankheitsbildern (chronischer Schmerz, Stresserkrankungen, diverse physische Erkrankungen etc.) teilnehmen, dauert zweieinhalb Stunden.

Während der Dauer des gesamten Kurses üben sich die Teilnehmer jeden Tag 45 Minuten lang in formaler Meditation (Body-Scan, Sitzmeditation, achtsames Hatha-Yoga) sowie in nichtformaler Meditation (mit Alltagsverrichtungen verbundene Achtsamkeit). Dieses Programm erfährt ein explosionsartig zunehmendes Interesse (siehe Abbildung auf S. 88).

MBSR wird allein in den USA in 550 Kliniken eingesetzt. Weltweit arbeiten 700 medizinische Einrichtungen in Südamerika, Hongkong, China, Australien, Kanada und Europa mit dieser Methode.

Achtsamkeit entwickeln

Auch Unternehmen und Institutionen profitieren von der Übung in Achtsamkeit. Die beiden Psychologie-Professoren Daniel Simons und Christopher Chabris von der University of Illinois zeigten Studenten ein Video von 75 Sekunden Dauer: Zwei Teams zu je drei Spielern werfen sich einen Basketball zu. Die beiden Teams unterscheiden sich durch ihr weißes beziehungsweise schwarzes Trikot. Die Testpersonen werden in zwei Gruppen eingeteilt: Die erste Gruppe bekommt die Aufgabe zu zählen, wie viele Pässe die »Weißen«, die zweite, wie viele die »Schwarzen« spielen. Nach 45 Sekunden mischt sich eine in ein schwarzes Gorillakostüm gekleidete Person unter die Spieler. Während der Gorilla von 67 Prozent der Versuchspersonen, die das Team »Schwarz« beobachteten, bemerkt wurde, sahen ihn nur 8 Prozent der Teilnehmer, die die Pässe von Team »Weiß« zählten. Wenn ich dieses Video auf einer Konferenz zeige, erhalte ich regelmäßig dieselben Resultate, obwohl das Video mittlerweile im Internet zugänglich ist und die Ergebnisse der Untersuchung veröffentlicht wurden. Wie erklärt sich dieses Muster, das von der Wissenschaft als Unaufmerksamkeitsblindheit bezeichnet wird? Wie ist es möglich, dass wir eine Person übersehen, die sich ganz offensichtlich als Gorilla verkleidet hat? Nun, die Dinge verhalten sich folgendermaßen: Wir haben eine bestimmte Aufgabe bekommen, nämlich genau zu zählen, wie viele Pässe die »Weißen« spielen. Diese Aufgabe kann das Gehirn am besten lösen, wenn es alles, was nicht »weiß« ist, und speziell alles, was schwarz ist, ausblendet. Wenn nun plötzlich der Gorilla auf der Bildfläche erscheint, so beschließt unser Gehirn einfach, ihn nicht zu sehen, weil es im Moment nicht an ihm interessiert ist.

Dieses Spiel wiederholt sich in zahlreichen Lebenssituationen und speziell am Arbeitsplatz. Es fällt uns überhaupt nicht schwer zu überhören, was ein anderer gerade sagt, vor allem, wenn wir es nicht hören wollen. Gerade unter Chefs ist dieses Verhalten sehr verbreitet, was das gesamte Arbeitsklima vergiften kann. Untergebene dürfen nur mit solchen Dingen zu ihrem Vorgesetzten kommen, die er gern hört oder die in seine Denkmuster passen.

Professor Otto Scharmer vom Massachusetts Institute of Technology (MIT), mit dem ich befreundet bin, ist der Ansicht, dass eine erfolgreiche Führung stets mit den spezifischen Qualitäten von Aufmerksamkeit und Absicht verknüpft sein muss. Meiner Ansicht nach treffen sich hier Leadership und Achtsamkeit, und zwar in ihrer Form als Mitgefühl und gelebtes Präsent-Sein. Unternehmen bestehen aus Menschen. Daher sollte es das aufrichtige Anliegen einer jeden Führungspersönlichkeit sein, das Potenzial eines jeden Mitarbeiters zu fördern, ihn im Vertrauen in seine Art der Entscheidungsfindung zu bestärken und Zukunftsoptionen zu sehen, die noch keiner vor ihm erkannt hat.

Ob Individuum oder Institution: Wir müssen unseren Geist neu ausrichten

Otto Scharmer meinte unlängst mir gegenüber: »Wir erleben zurzeit das Scheitern der Institutionen. Dies schafft auf gesamtgesellschaftlicher Ebene Probleme (Zunahme von Gewalt, Armut, Klimawandel, Seuchen), die keiner haben will. Unsere Zeit erfordert dringend die Herausbildung eines neuen Bewusstseins, eines neuen kollektiven Führungsstils sowie der Fähigkeit, diese unterschiedlichen Probleme auf eine bewusste, zielgerichtete und strategisch klügere Art anzugehen.«

Aus meiner Sicht kann uns dabei die Übung in Achtsamkeit helfen, denn sie ermöglicht uns, unser Bewusstsein neu auszurichten. Das mag zunächst ein wenig unverständlich klingen, doch jeder von uns ist zu dieser Neuausrichtung imstande. Wir müssen nur unsere verzerrte Optik korrigieren, die uns nicht sehen lässt, was wir direkt vor Augen haben, sodass wir Dinge wahrnehmen, die uns normalerweise entgehen. In gewisser Weise heißt das, dass wir unseren kollektiven blinden

Fleck beseitigen müssen, damit der Wandel in der Welt geschehen kann. Das ist, als würde man aus einer flachen, zweidimensionalen Welt hinaustreten in eine dritte, räumliche Dimension, deren Achse senkrecht zu den beiden anderen Achsen steht. Diese Ausweitung unseres Bewusstseins in eine neue Dimension ermöglicht uns, viel mehr zu sehen, als wir uns gewöhnlich zu sehen erlauben. Und schon können sich unsere Kreativität und unsere Vorstellungskraft manifestieren. Wenn wir diese Ausweitung in unserem Bewusstsein vollziehen, sodass uns die Welt plötzlich größer und realer erscheint, erhaschen wir einen Blick auf das, was die Buddhisten die höchste oder absolute Wirklichkeit nennen, ein Sein jenseits aller Konditionierungen, in dem wir jede Konditionierung im Moment ihres Auftretens erkennen. Dann kristallisieren sich plötzlich neue Möglichkeiten heraus, Gelegenheiten, die die Welt auf allen Ebenen – vom Individuum über die Wirtschaft und die Institutionen bis hin zur ganzen Nation – zum Wohle der gesamten Menschheit heilen und verwandeln können.

Diese neue Präsenz ist so weiträumig, dass sie alles umfassen kann, all unsere Gedanken, wie sie auch immer geartet sein mögen. Mit dieser Sicht auf die Wirk-

In gewisser Weise heißt das, dass wir unseren kollektiven blinden Fleck beseitigen müssen, damit der Wandel in der Welt geschehen kann.

lichkeit schließen wir auch die Gesamtheit unserer Gedanken und Emotionen in den Prozess der Wandlung ein. Dies ist ein wichtiger Punkt, denn wir sind manchmal so konditioniert und gefangen in unseren Emotionen, dass wir gar nicht mehr bemerken, wie sehr sie uns und unser Sein in der Welt beeinflussen. Wenn wir aber verändern möchten, was in der Außenwelt geschieht, so ist es unabdingbar, dass wir erkennen, was in uns geschieht. Sonst tragen wir nur weiter unsere Emotionen und Frustrationen in die Außenwelt.

Sich ändern und die Welt verändern

Dass mittlerweile so viele »ganz normale« Menschen täglich Zeit auf Meditation verwenden, ist eine ganz wunderbare Sache, die noch vor dreißig oder vierzig Jahren völlig undenkbar gewesen wäre. Kaum vorstellbar zu jener Zeit, dass ein Psychiater am Hôpital Sainte-Anne wie Christophe André über Achtsamkeitspraxis schreibt, wie er es in seinen beiden letzten Büchern tut. Niemand hätte damals gedacht, dass achtsames Gewahrsein Psychologie, Psychiatrie, Medizin und Neurowissenschaften revolutionieren würde. In unserer Eigenschaft als Forscher müssen wir darauf achten, uns unsere Integrität zu bewahren, während wir diese Entwicklung weiter vorantreiben.

Seit mehr als dreißig Jahren ist Achtsamkeitspraxis Gegenstand hochprofessioneller wissenschaftlicher Forschungsarbeiten. Mittlerweile wissen wir, dass diese Geisteshaltung ein enormes Heilungs- und Wandlungspotenzial besitzt. Dabei fassen wir den Begriff »Heilung« in einem sehr weiten Sinn, der nicht nur unsere leibliche Gesundheit einschließt, sondern auch unsere Gefühle und die Art und Weise, wie wir uns in die Gesamtheit der Welt und unserer Lebensumstände einfügen.

WER MICH INSPIRIERT

Meine Frau Myla und meine Kinder, meine Studenten und Kollegen.

Tatsächlich inspirieren mich alle Menschen, denen ich begegne, wo immer ich mich bewegen mag.

Meine praktischen Vorschläge

1. Folgen Sie Ihrer Inspiration

Wenn Sie Ihre Quelle der Inspiration in der Meditation finden, dann entwickeln Sie Achtsamkeit, wann immer möglich und in allen erdenklichen Formen, so, als würde Ihr Leben davon abhängen – denn dies ist tatsächlich der Fall.

2. Pflegen Sie Ihre Kreativität

Diese Welt ist dringend, ja lebensnotwendig darauf angewiesen, dass jeder Einzelne von uns sein ganzes Sein der Entwicklung seiner Vorstellungskraft, seiner Kreativität und seines liebenden Herzens widmet.

3. Leben Sie Ihre Wahrheit und Ihre Liebe in jedem Augenblick

Die Aufgabe lautet nicht so sehr: »Erst ändere ich mich und dann ändert sich die Welt.« Es geht vielmehr darum, dass Sie jetzt schon *sind* – in all Ihrem inneren Reichtum und in allen Facetten Ihres Menschseins. Es geht darum, Ihre Wahrheit und Ihre Liebe von Augenblick zu Augenblick, von Tag zu Tag und in allen Höhen und Tiefen so vollständig zu leben, wie Ihnen das nur möglich ist. Wenn Sie Ihr Leben auf diese Weise führen, dann ist die Welt bereits eine andere, mag das Ausmaß dieser Änderung auch gering und unbedeutend scheinen. Doch das scheinbar Kleine ist nicht klein. In Wahrheit sind diese Veränderungen enorm und ihre Heilkraft nach innen wie nach außen ist groß.

4

DIE WELT VON MORGEN WIRD ALTRUISTISCH SEIN

MATHIEU RICARD

Mathieu Ricard ist buddhistischer Mönch. Als Fotograf und französischer Übersetzer des Dalai Lama unterhält er zahlreiche humanitäre Hilfsprojekte in aller Welt.

Die Welt zu verändern ist für mich gleichbedeutend damit, sich selbst zu ändern, damit wir anderen besser zur Seite stehen können. Unser Bemühen, die Welt zu verändern, darf nicht dazu führen, dass wir mit unserem Tun Schaden anrichten, unsere Umwelt zerstören, Tiere ausbeuten und ganze Tierarten zum Aussterben verurteilen. Dies setzt voraus, dass wir ein umfassendes Gefühl der Verantwortung besitzen, in jeder Hinsicht. Uns selbst zu ändern, um die Welt besser zu machen, erfordert, dass wir uns von Geistesgiften wie Hass, Habgier, Eifersucht, Stolz und Rachsucht freimachen, die unser Leben und das Leben unserer Mitmenschen vergiften. Wir werden im Folgenden sehen, dass wir nur dann in der Lage sind, in der Welt etwas zum Besseren zu bewegen, wenn wir einen Sinn für unser Leben gefunden haben und versuchen, diesen mit anderen zu teilen.

Was die Gemeinschaft angeht, kommt es zu einem solchen Wandel nur dann, wenn unsere Kultur, unsere innere Einstellung, unsere Grundmotivation, unser Wertesystem und unsere Prioritäten sich dementsprechend ändern. Das bedeutet in erster Linie, dass wir uns von einer Kultur, die sich den Individualismus und das »Jeder ist sich selbst der Nächste« auf die Fahnen geschrieben hat, abwenden, um eine Welt zu schaffen, die sich stärker an Werten wie Altruismus und Zusammenarbeit orientiert, welche seit jeher die Triebfeder der Evolution sind.

Verbundenheit mit anderen kann man lernen

Gibt es so etwas wie echten Altruismus überhaupt? Und wenn ja, können wir ihn entwickeln und fördern wie ein Talent oder eine spezifische Begabung? Jon hat in seinem Kapitel besonders auf die zahlreichen wissenschaftlichen Untersuchungen hingewiesen, die momentan zu den Auswirkungen von Meditation durchgeführt werden. Die ersten dieser Studien wurden mit erfahrenen Meditierenden durchgeführt, die zwischen 10 000 und 50 000 Stunden Meditationspraxis vorweisen konnten. Bei den Teilnehmern an der Studie handelte es sich um ordinierte wie nicht ordinierte Praktizierende beiderlei Geschlechts. Diese Forschungsarbeiten konnten zeigen, dass die Fähigkeit, Mitgefühl und eine altruistische Einstellung zu entwickeln, weder vom Geschlecht noch vom (westlichen oder östlichen) kulturellen Hintergrund abhängt. Es ist vielmehr alles eine Sache der Übung.

Natürlich ist es nicht nötig, 50 000 Stunden zu meditieren, bevor man gesellschaftlich etwas verändern kann: Selbst wenn man nur einige Wochen lang täglich eine halbe Stunde meditiert hat, hat dies bereits positive Auswirkungen.

Im Rahmen einer dieser Studien bat man die Teilnehmer, täglich zwanzig Minuten mehr an andere Menschen zu denken, sich in ihre Lage zu versetzen und in der Meditation eine altruistische Einstellung, Wohlwollen und Mitgefühl gegenüber leidenden Wesen zu entwickeln. Die Kontrollgruppe (die jede Studie braucht, will sie verlässliche Aussagen machen) hingegen wurde in einer psychologischen Technik unterwiesen, die erwiesenermaßen prosoziale Verhaltensweisen fördert.[38]

Bei Letzterer geht es im Wesentlichen darum, Erfahrungen aus einem weiteren Blickwinkel zu betrachten. Zum Beispiel: Wenn Sie von jemandem beschimpft werden, dann versuchen Sie, sich nicht bloß auf die Beleidigung, die konkrete Situation sowie die unangenehmen Eigenschaften dieser Person zu konzentrieren, sondern den Blick dafür zu öffnen, wie der andere die Dinge sieht und wie er sich unter normalen Umständen verhält. Die Studie ergab, dass Meditation soziales Verhalten mehr fördert als die eben beschriebene Technik. Diese Studie, die von Helen Weg am Institut von Richard Davidson, dem Pionier der neurowissenschaftlichen Erforschung der Meditation, durchgeführt wurde, ergab des Weiteren, dass sich auch im Gehirn – speziell an der Amygdala, einer Hirnregion, die unter anderem auch an der Entstehung von Angstgefühlen und Aggression beteiligt ist – Veränderungen zeigten.

Eine Vorabstudie, die ebenfalls vom Forschungsteam um Richard Davidson durchgeführt wurde, konnte den Nachweis erbringen, dass selbst bei Kindern im Vorschulalter ganz einfache, dem Alter angepasste Übungen in Achtsamkeit und Wohlwollen zu beeindruckenden Resultaten führen können.

Die Kinder im Alter zwischen vier und fünf Jahren,

die zum überwiegenden Teil aus sozial benachteiligten Familien stammten, sollten sich auf den Rücken legen und dabei auf das Kommen und Gehen des Atems achten sowie auf die Bewegungen eines kleinen Plüschteddys, der auf ihrer Brust lag. Dann erklärte der Meditationsanleiter ihnen, dass das, was sie glücklich macht, auch andere Kinder glücklich macht. Zu Beginn jeder Sitzung sprachen die Kinder mit lauter Stimme den folgenden Satz, der für den Rest des Tages ihr Verhalten motivieren sollte: »Möge alles, was ich denke, sage oder tue, andere nicht verletzen, sondern ihnen helfen.«

Dies sind einige Elemente aus dem *Kindness Curriculum,* das vom *Center for Investigating Healthy Minds* (Zentrum für die Erforschung geistiger Gesundheit) des Psychologen und Neurowissenschaftlers Richard Davidson entwickelt wurde. Obwohl seine Mitarbeiterin Laura Pinger und ihre Kollegen diese Übung nur dreimal pro Woche eine halbe Stunde lang anbieten, hat das Programm einen erstaunlichen Effekt auf die Kinder, die übrigens die Anweiser immer fragen, wieso sie nicht jeden Tag kommen dürfen.[39]

Im Laufe der Wochen lernen die Kinder so auf ganz natürliche Weise, sich freundlich zu verhalten und sich bewusst zu machen, dass das, was ihnen wehtut, anderen ebenso wehtut. Sie lernen, ihre eigenen Gefühle sowie die Gefühle der anderen Kinder zu verstehen, dankbar zu sein und wohlwollende Wünsche für sich und andere zu formulieren. Wenn sie durcheinander sind, erklärt man ihnen, dass sich Probleme lösen lassen: dadurch, dass man an den äußeren Umständen etwas ändert, aber auch dadurch, dass sie an ihren Gefühlen arbeiten.

Im nächsten Schritt leitet man die Kinder dann an, sich bewusst zu machen, dass sie mit allen Kindern dieser Erde, mit allen Schulen und allen Völkern verbunden sind. Und dass sie alle sich Frieden wünschen und miteinander in Beziehung stehen. So entwickelt sich in den Kindern ein Gefühl der Dankbarkeit gegenüber der Natur, den Tieren, den Bäumen, den Flüssen und Meeren und für die Luft, die wir atmen. Sie erkennen, dass es wichtig ist, sich um unsere Welt zu kümmern.

Ausgewertet wurden die Ergebnisse, indem die Forscher Eltern wie Erzieher eingehend zum Verhalten und zur Einstellung ihrer Kinder vor und nach der Teilnahme am Programm befragten. Die Auswertung ergab eine klare Zunahme prosozialer Verhaltensweisen und eine Abnahme von emotionalen Problemen und Konflikten bei den Kindern, die am Curriculum teilnahmen.

Um ihre Ergebnisse zusätzlich abzusichern, bauten die Forscher einen weiteren Test, den »Aufkleber-Test«, ein. Jeweils am Anfang und am Ende des Programms bekam jedes Kind eine bestimmte Anzahl von beliebten Klebebildern sowie vier Umschläge, auf denen jeweils ein Bild klebte: das des besten Freundes beziehungsweise der besten Freundin, das des Kindes, das sie am wenigsten leiden konnten, das eines beliebigen unbekannten Kindes und das eines kranken Kindes mit Stirnverband. Dann forderte man die Kinder auf, in jeden Umschlag so viele Klebebilder zu stecken, wie sie mochten, bevor er dem Kind auf dem Umschlag übergeben wurde. Zu Beginn des Programms gaben die Kinder nahezu alle Klebebilder dem besten Freund oder der besten Freundin. Nur sehr wenige Klebebilder landeten in den anderen Umschlägen.

Beim zweiten Test am Ende des Programms zeigte sich eine spektakuläre Veränderung: Die Kinder steckten in alle vier Kuverts etwa die gleiche Anzahl von Klebebildern. Sie machten nicht einmal mehr einen Unterschied zwischen ihrem besten Freund und dem Kind, das sie am wenigsten leiden konnten. Die Tragweite dieses Ergebnisses lässt sich erst so richtig ermessen, wenn man weiß, wie dauerhaft und ausgeprägt Ausgrenzungstendenzen aufgrund des Zugehörigkeitsgefühls zu einer bestimmten Gruppe im Normalfall sind.

Angesichts der bemerkenswerten Resultate des Curriculums, seiner Einfachheit und seiner möglichen Auswirkungen auf die weitere Entwicklung der Kinder – was aktuell Thema einer weiteren Studie ist –, ist es bedauerlich, dass es nicht überall auf der Welt eingesetzt wird. Die Stadtverwaltung von Madison allerdings hat das Forscherteam um Richard Davidson gebeten, dieses Programm auch in anderen Schulen der Stadt durchzuführen. Als der Dalai Lama von den Resultaten dieser Studie hörte, war sein Kommentar: »Erst eine Schule, dann zehn, dann hundert, und mithilfe der Vereinten Nationen dann alle Schulen der Welt …«

Anderen helfen und sich selber besser fühlen

Im Rahmen einer anderen Studie wurden die Teilnehmer gebeten, innerhalb einer Woche anderen Menschen wenigstens fünf Mal mit einer freundlichen, liebevollen Geste zu begegnen. Sie konnten selbst wählen, ob sie diese Gesten über die ganze Woche verteilen oder alle an einem Tag machen wollten. Der Versuch lief über die Dauer eines Monats, und am Ende wurde der Grad des subjektiven Wohlbefindens der Teilnehmer ermittelt. Es stellte sich heraus, dass die Teilnehmer, die diese fünf Gesten an einem Tag gemacht hatten, langfristig viel glücklicher und zufriedener waren. Allem Anschein nach werden also die positiven Effekte solch einer liebevollen Geste durch unsere sonstigen Alltagsaktivitäten sozusagen verwässert, wenn wir nur eine pro Tag ausführen. Zeigen wir aber täglich fünf Akte des Wohlwollens, so prägen sich diese viel besser ein. Diese Art von Verhalten nützt also nicht nur anderen, was ja der Hauptzweck dieser Gesten ist, sondern gibt uns auch noch selbst ein Gefühl größerer Erfülltheit.

Diese Ergebnisse werden von einer weiteren wissenschaftlichen Untersuchung bestätigt. Barbara Fredrickson, eine der wissenschaftlichen Pionierinnen der Positiven Psychologie, ließ die Probanden acht Wochen lang täglich zwanzig Minuten über Wohlwollen, liebende Güte und Mitgefühl meditieren. Die Ergebnisse sprechen eine deutliche Sprache: Diese Gruppe, in der die Teilnehmer keinerlei Meditationserfahrung hatten, hatte am Ende nicht nur gelernt, ihren Geist zur Ruhe zu bringen. Auch ihre Fähigkeit, Liebe und Wohlwollen zu schenken, hat sich auf bemerkenswerte Weise entwickelt. Im Vergleich zur Kontrollgruppe (der man nach Abschluss der Studie übrigens das Angebot machte, das gleiche Meditationsprogramm zu absolvieren) gab die Gruppe der Meditierenden an, dass sie mehr Liebe, mehr innere Beteiligung bei ihren alltäglichen Verrichtungen, mehr Gelassenheit und Freude sowie andere heilsame Emotionen empfanden.[40] Fredrickson fand des Weiteren heraus, dass die positiven Effekte des Meditierens über eine altruistische Geisteshaltung bei den Teilnehmern auch über die eigentliche Meditationssitzung hinaus im Alltag nachwirkten und diese Wirkung sich von Tag zu Tag verstärkte. Gleichzeitig durchgeführte medizinische Kontrolluntersuchungen ergaben, dass sich der Gesundheitszustand der Teilnehmer deutlich verbessert hatte. Auch für deren Respiratorische Sinusarrhythmie** zeigten sich bessere Werte.[41]

In ihrem jüngsten Buch *Die Macht der Liebe. Ein neuer Blick auf das größte Gefühl* geht Barbara Fredrickson den Wirkungen der Liebe auf unsere Gesundheit

---

** Anmerkung d. Übers.: Die Respiratorische Sinusarrhythmie (RSA) beschreibt die Abhängigkeit der Herzfrequenz von der Atmung. Diese Arrhythmie ist nicht krankheitsbedingt, sondern eine körpereigene Vorgabe. Bei Patienten mit Depression stieg mit der psychischen Besserung auch der RSA wieder.

Liebe ist nicht von Dauer. Sie ist sehr viel vergänglicher, als die meisten von uns wahrhaben wollen. Andererseits ist sie aber auch unendlich erneuerbar.

und unser Wohlbefinden nach.[42] Altruistische Liebe geht, wie man sich denken kann, weit über die romantische Liebe hinaus und umfasst alle Formen von Wohlwollen und Nähe zwischen den Wesen. Barbara Fredrickson definiert Liebe als positive Resonanz, die sich einstellt, sobald zeitgleich drei Faktoren zusammenkommen: das Teilen einer oder mehrerer positiver Emotionen, die Übereinstimmung zwischen dem Verhalten und den physiologischen Reaktionen zweier Menschen sowie die Absicht, zum Wohlbefinden des anderen beizutragen, was eine wechselseitige fürsorgliche Haltung erzeugt.[43] Barbara Fredrickson zufolge ist Liebe einerseits viel umfassender und offener, als wir gemeinhin denken, andererseits ist sie aber auch eher kurzlebig: Liebe ist nicht von Dauer. Sie ist viel vergänglicher, als die meisten es wahrhaben wollen. Andererseits ist sie aber auch unendlich erneuerbar.

In seinem Dokumentarfilm *Happy* stellt Roko Belic die Bewohner der südlich von Japan gelegenen Insel Okinawa, vor, wo auffällig viele Hundertjährige leben. Auf der Insel sind die sozialen Bande sehr stark und die Menschen dort sind einander von der Wiege bis zur

Bahre sehr nah. Während bei uns 40 Prozent der Senioren allein leben, verbringen sie dort den Großteil ihrer Zeit mit anderen Menschen. Sieht man sich den Film an, so wirken die Menschen dort höchst fidel: Sie singen, tanzen und machen sehr viel gemeinsam. In einer Szene des Films versammelt sich eine Schar von älteren Damen am Ende einer Straße und wartet dort mit Süßigkeiten auf die Kinder des Dorfes, die einen Wettlauf absolvieren. Die Kinder laufen über die Ziellinie und stürzen sich in die Arme der Großmütter, die nicht unbedingt ihre eigenen sind, sie aber trotzdem innig umarmen.

Dieses soziale Eingebundensein wird als das Geheimnis ihrer Langlebigkeit betrachtet. Zahlreiche Studien beweisen, dass ein höherer Grad an sozialem Rückhalt einhergeht mit besserer geistiger Gesundheit, weniger Herzerkrankungen, höherer Lebenserwartung, geringerem Konsum von Suchtstoffen, besserer Immunabwehr und weniger Fällen von Altersdemenz.

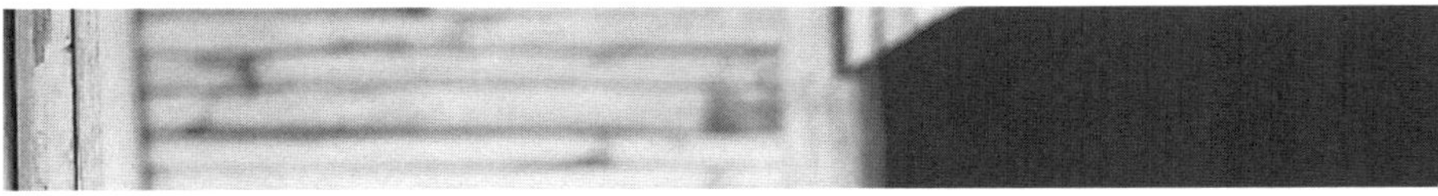

Nawalparasi, Nepal. Hier wurde mit Unterstützung von Karuna-Shechen eine von acht Bambusschulen errichtet. Die Eltern begleiten ihre Kinder zur Schuleröffnung. Festtagsstimmung liegt in der Luft.

Innere Einfachheit und Glück

Die Vorstellung, dass der Genuss materieller Güter – der uns nebenbei jene Umweltbedingungen zerstören lässt, die die Grundlage für das Wohlergehen der Menschheit bilden – uns glücklich macht, basiert auf einer Fehlannahme: Wir neigen zu der Ansicht, dass es uns glücklich macht, wenn wir unser Streben auf äußere Werte (Besitz, Status und Ansehen, Konsum) richten. Unsere Erfahrung und die psychologische Forschung zeigen jedoch, dass es die inneren Werte wie Freundschaft, soziale Kontakte, Zufriedenheit und – in den Worten von Pierre Rabhi – »glückliche Genügsamkeit« sind, welche uns echte Zufriedenheit empfinden lassen.

Dem Psychologen Tim Kasser verdanken wir zahlreiche höchst aufschlussreiche Untersuchungen über die hohen Folgekosten des Materialismus. Er und seine Mitarbeiter legten mehreren Tausend Personen klug ausgetüftelte Fragebögen vor, um so Aufschluss über ihre Konsumneigung und ihr Wertesystem zu erhalten (ob sie eher Werte wie Freundschaft oder die Qualität des Augenblicks schätzten oder nach äußeren Werten wie Status und Geld strebten). Er verglich sodann unteres und oberes Quartil der Befragten (die 25 Prozent mit der stärksten und die 25 Prozent mit der geringsten Konsumaffinität) und setzte diese Werte zu anderen Faktoren in Bezug. Auf diese Weise konnte er zeigen, dass jene Probanden mit der höchsten Konsumaffinität am stärksten nach hedonistischen Freuden strebten und am wenigsten wirkliches Wohlbefinden erlebten. Jene Menschen, die am stärksten zum Konsum neigten, suchten ihr Glück meist in hedonistischen Erfahrungen, waren jedoch insgesamt deutlich unzufriedener als die anderen.

Unter »hedonistischen Erfahrungen« verstehen wir das ständige Streben nach angenehmen Empfindungen, was jedoch eher ein Rezept für tief greifende Erschöpfung als für Glück und Zufriedenheit ist. Tim Kasser fand auch heraus, dass die Betreffenden weit weniger Freude empfanden und sich für allgemeine Probleme wie Umweltschutz nicht interessierten, sondern nur für Dinge, die sie selbst betrafen. Gewöhnlich leiden diese Menschen unter einer schlechten Gesundheit und sind anfälliger für den Missbrauch von Substanzen wie Tabak, Alkohol und Drogen. Allem Anschein nach haben sie auch mehr Angst vor dem Tod. Empathie und Anteilnahme am Schicksal ihrer Mitmenschen sind im Vergleich unterentwickelt. In einem Wort, die ganze Gruppe war deutlich unglücklicher.[44] Tim Kasser ist Wissenschaftler, es geht ihm nicht darum, den Leuten Moralpredigten zu halten. Doch was seine Arbeiten

Jene Menschen, die am stärksten zum Konsum neigten, suchten ihr Glück meist in äußeren Werten, waren jedoch insgesamt deutlich unzufriedener als die anderen.

klar zeigen, ist, dass der galoppierende Konsumwahn uns weder glücklicher noch gesünder oder interessierter an unseren Mitmenschen macht.

Die Krisen, die wir momentan erleben, scheinen mir eine gute Gelegenheit zu sein, unseren aktuellen Lebensstil ein wenig zu hinterfragen. Bisher haben wir den Überfluss, der uns von allen Seiten umgibt, einfach unreflektiert hingenommen. Die Werbung und unser stetes Bedürfnis, uns mit anderen zu vergleichen (»Hat mein Nachbar etwa ein größeres Auto als ich?«), hat uns in diesem Verhalten noch bestärkt. Doch wenn wir aufrichtig in uns hineinhorchen, gibt es dann nicht ein paar Dinge in unserem Leben, die nicht zu unserem Wohlergehen beitragen und auf die wir gut verzichten könnten? Diese freiwillige Einfachheit oder glückliche Genügsamkeit bedeutet nicht, dass wir uns Grundbedürfnisse des Lebens versagen oder Dinge, die uns wirklich glücklich machen – was völlig unsinnig wäre. Es geht vielmehr darum, alles wegzulassen, was überflüssig ist und damit zur Ursache von Leiden wird.

DAS GEHEIME MANTRA

In diesem Zusammenhang fällt mir das Mantra ein, das ein tibetischer Lama mir zu rezitieren empfahl. Es ist wohl das geheimste Mantra überhaupt, und ich frage mich, ob ich es einfach so an Sie weitergeben darf. Aber gut, lassen wir das mal. Hier ist es: »Ich brauche nichts.« Wiederholen Sie es zehnmal hintereinander und beobachten Sie die wohltuenden Effekte!

WELTABGESCHIEDENHEIT UND ALTRUISMUS

Von der Terrasse meiner Einsiedelei aus umfängt mein Blick das nahezu vollkommene Rund des Horizonts. Über mehr als zweihundert Kilometer erstreckt sich die majestätische Bergkette des Himalaja und überragt die gestaffelten Linien der Vorgebirge. Hier herrscht vollkommene Stille, und es liegt klar auf der Hand, dass eine solche Lage der Meditation förderlich ist, der Beobachtung der Gedanken, die aus dem Nichts entstehen und wieder erlöschen wie der Klang einer Glocke. Das vollständige Gewahrsein des gegenwärtigen Augenblicks steht über dem Fluss der Zeit. Die Einsiedelei ist ein geschützter Hafen, in dem der Schüler sich in aller Ruhe in der spirituellen Praxis üben kann. Der Einsiedler ist dem Los der Welt gegenüber jedoch keineswegs gleichgültig. Allerdings weiß er nur zu gut, dass er mit seinen augenblicklichen Fähigkeiten weder zum Wohl der anderen wirken noch sein eigenes Glück sichern kann. Sein oberstes Anliegen ist es daher, sich selbst zu ändern, um etwas in der Welt verändern zu können. Der Einsiedler begreift immer mehr, dass wahres Glück nicht von äußeren Bedingungen abhängt, sondern von der Wandlung seines Geistes, von der Art, wie er die Wechselfälle des Lebens in Glück oder Unglück übersetzt. Er beginnt zu verstehen, dass es vergeblich ist, auf Glück zu hoffen, solange er sich selbst nicht von Hass, Anhaftung, Stolz, Eifersucht und anderen Geistesgiften freigemacht hat. So wie es vergeblich ist zu hoffen, man werde sich die Hand nicht mehr verbrennen, wenn man sie im Feuer lässt. Anders als es auf den ersten Blick erscheint, gründet das Streben des buddhistischen Einsiedlers auf Mitgefühl und einer Geisteshaltung, die sich ganz dem Wohl der anderen zuwendet. Der Einsiedler verfolgt ein klares Ziel: Er strebt nach dem Erwachen, um der leidenden Welt Heilung bringen zu können. Er zieht sich eine Zeit lang von der Welt zurück, bis er sich selbst von den grundlegenden Ursachen des Leidens geheilt hat.

Der Vogel »entsagt« seinem Käfig nicht, er befreit sich daraus. Wenn wir eine Bergwanderung machen und unterwegs feststellen, dass unser Rucksack zur Hälfte mit Proviant und zur Hälfte mit Steinen gefüllt ist, dann ist es doch eine unglaubliche Erleichterung, die Steine wegwerfen zu können. Wahre Einfachheit besteht darin, dass wir nicht jenen Lockrufen auf den Leim gehen, die uns einreden wollen: »Je mehr ich habe, desto glücklicher bin ich.« Denn das Glück liegt in der Einfachheit.

Die Gesellschaft verändern

Eine Gesellschaft setzt sich aus Individuen zusammen und organisiert sich um eine bestimmte Kultur herum. Es heißt immer wieder, dass die Gesellschaft von ihren Institutionen bestimmt wird. Doch sobald der Mensch sich ändert, verwandelt er auch seine Kultur und seine Institutionen. Andererseits wirkt Kultur auch verändernd auf die Menschen ein. Mensch und Kultur formen sich im Lauf der Zeit gegenseitig.

Was dies angeht, so werden die Kulturleistungen des Menschen von Generation zu Generation weitergegeben und vermehrt. Wenn sich also die Institutionen wandeln, verändern sie auch die Mentalität des Einzelnen. Nun konnte aber die moderne Wissenschaft zeigen, dass wenn sich unsere geistige Einstellung, d. h. unser Denken und unsere Prägungen durch unsere Erziehung, ändert, sich auch unser Gehirn aufgrund der ihm eigenen Fähigkeit zur Neuroplastizität umbildet. Wir können sogar unsere Genexpression ändern. Solange wir leben, modifizieren wir einfach dadurch, wie wir unsere Mitmenschen sehen, durch die Art, wie wir meditieren, die Expression unserer Gene, also die Art, wie die genetische Programmierung tatsächlich umgesetzt wird. (Man spricht hier auch von epigenetischen Veränderungen.) Meditierende wissen schon seit Tausenden von Jahren, dass wir uns selbst verändern können.

Wenn also genügend Menschen ihre geistige Grundhaltung ändern, beeinflussen und verändern sie die Kultur und damit auch die Institutionen. Nehmen wir nur die Einstellung gegenüber der kriegerischen Lösung von Konflikten, die sich seit dem Ersten Weltkrieg beträchtlich verändert hat. Damals galt es als edler und patriotischer Akt, für sein Land in den Krieg zu ziehen. Im Laufe der Zeit hat die Menschheit jedoch eingesehen, dass Krieg nur Schrecken mit sich bringt, ja eine grauenhafte Verirrung ist, die auf beiden Seiten nur Zerstörung und Verlierer kennt. Heute sieht wohl nie-

mand mehr im Krieg eine Triebkraft kultureller Höher-
entwicklung.

Doch woher nehmen wir jene kritische Masse von Menschen, die eine gesellschaftliche Veränderung in Gang setzen können, sodass sich zum Beispiel an unserem Fleischkonsum etwas ändert? George Bernard Shaw meinte: »Tiere sind meine Freunde, und ich esse meine Freunde nicht.« Gandhi vertrat die Ansicht, dass man an der Art, wie ein Land seine Tiere behandelt, ermessen könne, wie zivilisiert es sei. Für mich besteht kein Zweifel, dass jemand, dem das Leid der Tiere gleichgültig ist, sehr wahrscheinlich auch dem Leid der Menschen gegenüber abstumpft. Damit stirbt aber auch ein Teil unseres Einfühlungsvermögens, das uns ermöglicht, uns in die Lage des anderen zu versetzen.

Selbst vonseiten der Vereinten Nationen, die man nun wahrlich nicht als militante Tierschützer bezeichnen kann, wird die Ansicht vertreten (vom Intergovernmental Panel on Climate Change (IPCC), im Deutschen vielleicht besser bekannt als Weltklimarat), eines der wirksamsten Instrumente, um die Klimaerwärmung zu reduzieren, sei eine deutliche Verringerung unseres Fleischkonsums. Weltweit werden jedes Jahr 150 Milliarden Tiere (ohne Meerestiere) getötet, um unseren Fleischkonsum zu befriedigen. Wir bestimmen darüber, wann, wo und auf welche Weise diese Tiere sterben. Wenn wir auf eine altruistischere Gesellschaft hoffen, können wir vor diesem Thema nicht die Augen verschließen.

Wenn sich unsere geistige Einstellung, d.h. unser Denken und unsere Prägungen durch unsere Erziehung, ändert, bildet sich auch unser Gehirn aufgrund der ihm eigenen Fähigkeit zur Neuroplastizität um. Wir können sogar unsere Genexpression ändern.

Meinungsführer, Menschen wie Mahatma Gandhi, Nelson Mandela oder der Dalai Lama, die so etwas wie das Weltgewissen sind, spielen eine wichtige Rolle bei Prozessen des gesellschaftlichen Wandels. Kulturen ändern sich jedenfalls schneller als unsere Gene.

Langfristig werden altruistische Gruppierungen, die durch ähnliche Zielsetzungen miteinander verbunden sind und zusammenarbeiten, gegenüber den egoistischen Strömungen im Vorteil sein, da Letztere sich notgedrungen ständig bekämpfen. Es besteht also Hoffnung, dass im Laufe der Zeit solche altruistischen, auf Zusammenarbeit und Gemeinwohl setzenden Tendenzen die Oberhand gewinnen. Ein bisschen ist das ja schon heute der Fall, da die Menschen viel stärker vernetzt sind als früher. Wir sind mehr denn je voneinander abhängig.

WER MICH INSPIRIERT

Kyabje Kangyur Rinpoche (1898–1975)

Kyabje Kangyur Rinpoche wurde 1898 in der osttibetischen Provinz Kham geboren und zeigte schon von klein an erstaunliche spirituelle Qualitäten. Sehr jung trat er in das Kloster Riwoche ein und wurde Schüler des großen Meisters Jedrung Rinpoche.

Im Anschluss daran absolvierte er ein neunjähriges Einzelretreat im Grenzgebiet von Kham. 1955 ahnte er die chinesische Invasion in Tibet voraus und beschloss, mit Frau und Kindern nach Indien zu gehen. Der einzige Besitz, den er auf dem Rücken eines Maultiers mitnahm, waren mehrere Hundert Bücher. 1960 ließ er sich im indischen Darjeeling nieder, wo er bis zu seinem Tod lebte und lehrte.

Kyabje Kangyur Rinpoche war ein spirituell hoch verwirklichter Weiser, hellsichtig, ohne jedes Interesse an den Dingen der Welt und von umfassender Gelehrsamkeit. Er hatte viele Schüler aus dem Westen und wurde so einer der ersten großen tibetischen Meister, die die Grundlagen für die Verbreitung des tibetischen Buddhismus im Westen legten. Er ist mein »Wurzellehrer«, der jeden Moment meines Daseins inspiriert.

Jane Goodall (geboren 1934)

Die britische Verhaltensforscherin Jane Goodall ist seit ihrer frühesten Kindheit Vegetarierin. Die passionierte Tierliebhaberin ließ sich am Tanganjikasee nieder, um dort das Verhalten von Schimpansen zu studieren. Sie veränderte unseren Blick auf diese Tiere durch den Nachweis, dass sie Werkzeuge herstellen und verwenden, was zuvor als alleiniges Merkmal des Menschen galt.

Heute wissen wir durch derartige Forschungsarbeiten, dass Mensch und Tier nur unterschiedliche Abstufungen desselben Prinzips darstellen.

Ich begegnete Jane Goodall zum ersten Mal 2011. Bei dieser Gelegenheit unterhielten wir uns über dieses Thema. Diese wesensmäßige Kontinuität sollte uns Anlass sein, die Art und Weise, wie wir Tiere behandeln, zu überdenken und mit industrieller Massentierhaltung sowie Tierversuchen ein für alle Mal Schluss zu machen.

Jane Goodall ist nicht nur eine große Wissenschaftlerin, sondern auch eine sozial sehr engagierte Frau. Mittels der von ihr ins Leben gerufenen Aktion *Roots and Shoots* setzt sie sich für den Schutz des Planeten ein, für eine Verbesserung der Lebensbedingungen der Menschen und Achtung vor den Tieren.

Meine drei Vorschläge für eine menschlichere Welt

1. Sich altruistisch verhalten

☞ Unseren Blick auf die Menschen und Wesen in unserer Umgebung ändern
Wir können uns bemühen, das Gewebe des Lebens unter dem Blickwinkel der Kooperation statt der Konkurrenz zu sehen, uns in Hilfsbereitschaft statt in Feindseligkeit üben, in Wohlwollen statt in übler Nachrede.
☞ Unsere Motivation überprüfen
Es ist auch eine gute Angewohnheit, immer wieder unsere Motivation kritisch zu überprüfen: »Handle ich aus altruistischen oder aus egoistischen Gründen? Geht es mir um das Wohl einiger weniger oder um das größere Ganze? Suche ich kurzfristigen Nutzen oder denke ich nachhaltig?«
☞ Engagement zeigen
Eine altruistische Geisteshaltung zu entwickeln kann und darf sich nicht auf Lippenbekenntnisse beschränken. Mitgefühl, das sich nicht in konkreten Handlungen ausdrückt, bringt keine Frucht. Wir sollten den Gedanken an das Wohl anderer stets im Hinterkopf haben und ihm im Alltag Taten folgen lassen. So können wir zum Beispiel in einer gemeinnützigen Organisation mitarbeiten.

2. Weniger Fleisch essen

Die Einschränkung des eigenen Fleischkonsums ist ein klassisches Beispiel für eine Handlung, die sowohl ethisch, ökologisch als auch medizinisch Vorteile bringt.

Ich möchte Sie aber nicht nur deshalb zum Fleischverzicht anregen, weil ich selbst seit vierzig Jahren Vegetarier bin. Es ist darüber hinaus sehr viel einfacher, kein Fleisch mehr zu essen, als künftig weder Auto noch Flugzeug zu benützen. Der Entschluss, kein oder weniger Fleisch zu essen, nimmt höchstens drei Sekunden in Anspruch. Das ist doch wirklich nicht schwer!

3. Einfacher leben

Wir können unser Handeln einfacher werden lassen, indem wir nicht mehr so viel Zeit auf überflüssige Dinge und Zerstreuungen verwenden.

Wir können unsere verbale Kommunikation vereinfachen. Unser Mund produziert eine ununterbrochene Flut von Worten, die häufig niemandem nützen. Überlegen Sie nur, wie viel Zeit mit dem Verbreiten von Gerüchten und sinnlosem Geschwätz verloren geht.

Wir können unsere Gedanken einfacher werden lassen. Das bedeutet nicht, dass Sie versuchen sollen, intellektuell zu einem »schlichten Gemüt« zu werden, sondern dass Sie in der Einfachheit und Frische des gegenwärtigen Augenblicks jenseits von Furcht und Hoffnung verweilen.

5

GEMEINSAM DIE SAMEN DES WANDELS LEGEN

PIERRE RABHI

Pierre Rabhi ist Bauer und Philosoph. Er stammt aus Algerien und gilt als Vater der Agro-Ökologie. Außerdem hat er die Colibris-Bewegung gegründet.

Wie wir in den vorangegangenen Kapiteln sehen konnten, ist die Lage ernst. Christophe André hat gezeigt, wie entfremdet und entfremdend unsere Gesellschaft längst geworden ist. Das 20. Jahrhundert stand im Zeichen von Wissenschaft und Technik, die beide in den Dienst des Fortschritts gestellt wurden. Natürlich haben wir auf einigen Gebieten einen beträchtlichen Schritt nach vorne getan, doch was sind die Konsequenzen für den Menschen und den Planeten, den wir bewohnen? Wie können wir unsere ganze Intelligenz nur auf die Entwicklung von Waffen, von immer präziseren Tötungsinstrumenten verwenden? Wie kann man nur all die angeblichen Gegensätze und Interessenkonflikte aufrechterhalten, die die Erde immer noch in Angst und Schrecken versetzen?

In diesem unseren materialistischen Zeitalter hat die Gewalt des Menschen am Menschen und an der Natur so verheerende Ausmaße erreicht, dass die dadurch verursachten Zerstörungen alles bisher Dagewesene übersteigen. Was wir Menschen der Biosphäre antun, ist alles andere als positiv. Sie kennen vermutlich diese amüsante Darstellung, die den Zeitraum, der seit dem Auftauchen des Menschen auf der Erde verstrichen ist, in Bezug setzt zu deren Entwicklungsgeschichte. Setzt man die gesamte Existenzdauer der Erde mit den 24 Stunden eines Tages gleich, so betreten wir erst zwei oder drei Minuten vor Mitternacht die Bildfläche. Und doch ist es uns in dieser kurzen Zeitspanne gelungen, die Ordnung der Welt wie nichts zuvor aus dem Gleichgewicht zu bringen und das Unterste zuoberst zu kehren.

Glücklicherweise regt sich nun doch bei einigen das Gewissen. Jon Kabat-Zinn hat uns gezeigt, wie der innere Wandel, vor allem durch die Übung in Achtsamkeit, zum Schlüssel wird, der Herz und Geist öffnet.

Matthieu Ricard hat darauf hingewiesen, wie wichtig die Hinwendung zu anderen Wesen ist, um eine neue Welt zu erschaffen. Das scheint auch mir unabdingbar. Wir alle kennen die Redensart vom Menschen, der dem Menschen ein Wolf ist. So weit es mich angeht, kann ich dazu allerdings nur sagen: Als Wolf würde ich mich in meiner Ehre gekränkt fühlen, vergliche man mich mit den Menschen! Noch nie hat eine Rasse ihr Zusammenleben so sehr auf Zerstörung gegründet, wie wir das tun. Und doch ist ein anderer Weg möglich.

Was ich sagen will, ergänzt die Standpunkte meiner Mitautoren. Mit der Agro-Ökologie, um die ich mich seit einigen Jahren bemühe, versuche ich, die Menschen zum Wandel zu bewegen. Ich kämpfe gegen die irrige Vorstellung, dass Veränderungen in der Welt nur vonseiten der Alternativen kommen können. Oft sage ich, wenn mich jemand auf dieses Thema anspricht: »Wissen Sie, Sie können sich biologisch ernähren und Ihr Haus mit Sonnenenergie heizen und trotzdem Ihren Nächsten ausbeuten. Das eine schließt das andere nicht aus.« Mein Ansatz ist inspiriert von der Liebe zum Leben und vom Wunsch, die heilige Schönheit der Natur zu bewahren. Dieser grundlegende Ausdruck des Lebens, diese Schönheit, die wir geschenkt bekommen haben, berührt mich zutiefst.

Welche Zukunft hat die Menschheit?

Der Mensch hat seit jeher die Fähigkeit besessen, zerstörerisch auf sich und seine Umwelt einzuwirken, doch früher waren dieser destruktiven Energie noch Grenzen gesetzt, denn der Mensch musste mit dem Widerstand der Natur rechnen. Heute präsentiert sich dieses Problem jedoch mit ganz anderer Dringlichkeit: Denn nach wie vor treibt uns die Gier, das Verlangen nach immer mehr und mehr, doch heute können wir, gestützt auf unsere Technologien, zu ihrer Befriedigung auf ein erschreckendes Instrumentarium zurückgreifen. Wenn man sieht, wie wir die Wälder vernichten und die Meere verschmutzen (die Fische können sich nicht in unbelastete Gewässer zurückziehen), dann sind das keine zufälligen Nebeneffekte mehr, mit denen keiner gerechnet hat. Sicher hat uns die Technik einige wichtige Fortschritte gebracht, doch statt den Menschen zu zügeln, hat sie ihn zum Schöpfergott erhoben.

Die große Frage, die ich mir stelle, ist: Wie ist es um das Überleben der Menschheit bestellt? Wir befinden uns mitten in der Vorhölle, verbrauchen im Übermaß Energie. Man könnte sogar sagen, dass die Menschheit von jenen Innovationen, die sie hätten freier machen sollen, vollkommen abhängig geworden ist: Ohne Erdöl, ohne Strom, ohne Kommunikationsmittel bricht das Ganze schnell zusammen … Daher ist es heute wichtiger als je zuvor, die richtige Antwort auf die oben gestellte Frage zu finden.

Vor einiger Zeit habe ich eine Fernsehsendung gesehen, in der ein Mann, der ein enormes Vermögen gemacht hatte (was als Fortschritt dargestellt wurde), gefragt wurde, ob er sich nicht auch ein bisschen wie ein Raubtier fühle. Als Antwort zitierte er Darwin und dessen angebliches Überleben des Stärkeren. Dieses »Naturgesetz« aller Raubtiere habe er einfach auf das Leben angewendet. Ich hatte gute Lust, meinem Fernseher einen Tritt zu verpassen. Wäre ich dort gewesen, in der Sendung, ich hätte dem Mann Folgendes gesagt: »Nein, mein Herr, denn wenn ein Löwe eine Antilope geschlagen und gefressen hat, dann legt er sich hin und verdaut sie. Er hat kein Antilopendepot und keine Antilopenbank, damit er seine Antilopen an seine Freunde verkaufen kann. Der Löwe nimmt nur, was er zum Leben braucht. Diese schreckliche Gier, die das menschliche Zusammenleben bestimmt, ist ihm nicht eigen. Der Löwe lebt in glücklicher Genügsamkeit.«

Auf unserem Planeten herrscht das Gesetz des Lebens für das Leben: Nichts geht verloren, nichts wird neu geschaffen. Alles ist im Wandel, heißt es. Lange bevor der Mensch auf die Welt kam, hat die Natur Mittel und Wege gefunden, sich so zu regulieren, dass ihr Überleben gesichert ist, auch wenn sie vielleicht irgendwann

Lange bevor der Mensch auf die Welt kam, hat die Natur Mittel und Wege gefunden, sich so zu regulieren, dass sie weiterleben kann.

»Wenn wir den Kontakt mit der Natur verlieren, deren Teil wir sind, dann verlieren wir die Beziehung zur Menschheit, zu den anderen Wesen.« KRISHNAMURTI

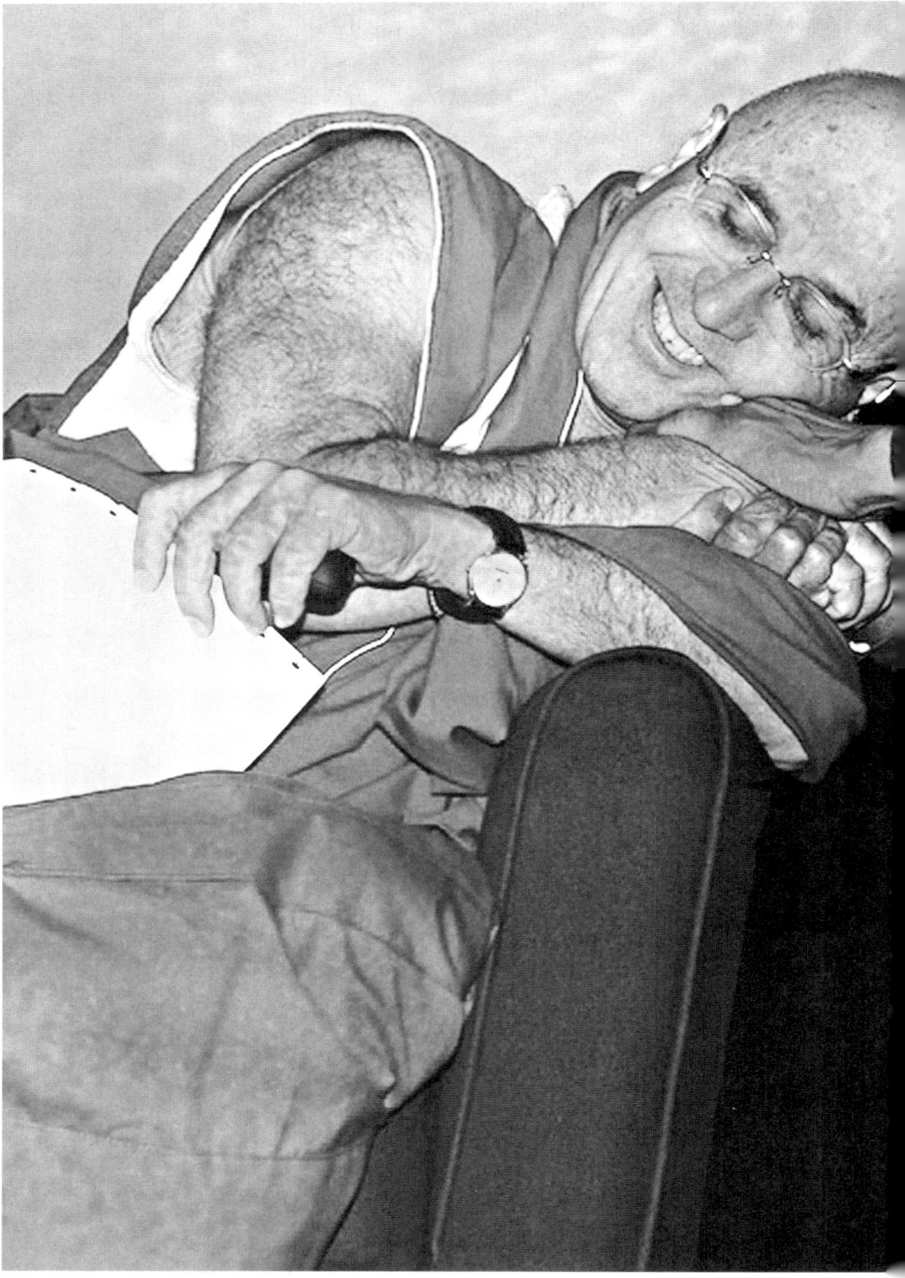

ein Ende haben mag. Riskant ist, dass wir Menschen uns mittlerweile von dieser Regel losgesagt haben – und Gefahr laufen, unsere eigene Ausrottung unwiderruflich zu beschleunigen. Denn sehen wir uns an, wie wir diese großartige Biosphäre behandeln, so ist für jeden offensichtlich, dass wir einerseits Wasser und Erde vergiften, Wälder abholzen und andere schwachsinnige Dinge tun, andererseits aber den Gefahren, die dieses Treiben für unser Überleben mit sich bringt, geradezu abgestumpft gegenüberstehen. In Wirklichkeit nämlich sind wir dabei, einen definitiven Schlusspunkt hinter unsere eigene Geschichte zu setzen. Wir stehen am Rand des Abgrunds, und unser Gehirn sagt uns, dass es blöde wäre, auch nur einen Schritt weiter zu gehen!

Diese Feststellung macht globales Handeln zur Notwendigkeit. Wir brauchen eine neue Denkweise, die sich an den Gegebenheiten orientiert. Die Utopie aber befreit uns von den Schubladen, den Kisten und Kästen. Manchmal fordert sie auch, dass wir unsere Grenzen überschreiten, um überleben zu können. Entweder wir akzeptieren das Kästchendenken (man kann ja eh nichts dran ändern!) oder wir radieren die Quadrate aus und denken uns neu.

Wenn wir uns um die Erde kümmern, kümmern wir uns um die Menschheit, denn alles ist miteinander verknüpft.

DER WEG DES MODERNEN MENSCHEN

Wenn man sich's recht überlegt, spielt sich das Leben des modernen Menschen nur in Kisten und Kästen ab: Vom Kindergarten bis zur Universität hausen wir in viereckigen Kästen. Später arbeiten wir in solchen, klein oder groß! Sogar abends, zur Entspannung, sitzen wir vor der Kiste! Dann kommt das Altersheim, und schließlich die letzte Kiste. Sie wissen schon, welche!

Und das soll ein Leben sein?

Worte sind keineswegs unschuldig. Sie können Menschen manipulieren. Sie können ihm stillschweigend die Zustimmung abnötigen, um ihn in eine Schublade zu pressen. Und schon wieder hätten wir eine Kiste!

Genügsamkeit als Alternative

Angesichts dieser Situation ist der gute Wille, sind Beschwörungsformeln, Analysen und alarmierende Feststellungen nicht mehr ausreichend. Daher müssen wir unsere erste Utopie selbst verkörpern. Die Instrumente und Errungenschaften des Materialismus werden uns nie den Wandel bringen, wenn sie nicht Werk eines Gewissens sind, das sich von den Grenzen befreit hat, die ihm Macht, Angst und Gewalt setzen. Solange wir von Angst und Furcht beherrscht werden, werden wir uns nicht von der Stelle bewegen. Die Krise unserer Zeit rührt ja nicht aus materiellen Nöten. Die Logik jedoch, die man uns entgegenhält – Friss, Vogel, oder stirb! –, ist auf Ablenkung aus und argumentiert zu diesem Zweck mit einem Mangel an Mitteln. Doch die Wurzeln der Krise müssen wir in uns suchen, in diesem tiefinneren Kern, der unsere Weltsicht, unsere Beziehung zu anderen und zur Natur, unsere Werte und Entscheidungen inspiriert.

Was mir immer wieder auffällt, ist die Tatsache, dass die meisten Menschen bei »Welt« nur an den Westen denken. Sie vergessen den Rest einfach, doch wir müssen anfangen, an die Erde als Ganzes zu denken, an die Menschheit. Unser Verhalten hier im Westen hat Einfluss auf den ganzen Rest des Planeten. Wir leben unsere Exzesse auf Kosten der anderen. Wir opfern Menschen in anderen Ländern und künftige Generationen einem organisierten »Völkermord«. Ich höre immer wieder sagen, der Hunger in der Welt sei von der Überbevölkerung verursacht. Solche Aussagen sind in meinen Ohren eine Beleidigung all jener, die ihren Hunger nicht stillen können. Eine Milliarde Menschen auf dieser Welt sind dem Hungertod geweiht, weitere drei Milliarden können gerade so überleben. Man kann ihnen nun wirklich nicht vorwerfen, dass sie den Planeten überstrapazieren. Will man diese Situation in Zahlen übersetzen, dann liest sich das so: Ein Fünftel der Menschheit verbraucht vier Fünftel der Ressourcen des Planeten. Dabei wäre es durchaus möglich, anders zu leben:

1981 bin ich auf Einladung der Regierung nach Burkina Faso gereist. Diese Region, die Sahelzone, gehört zu den ärmsten dieser Erde. Die Bauern dort sind dem Diktat der Märkte hilflos ausgeliefert. Man hat ihnen Dünger verkauft und sie ermutigt, für den Export (Baumwolle, Erdnüsse) anzubauen. In diesem globalisierten System findet sich der kleine afrikanische Bauer auf dem Weltmarkt Konkurrenten gegenüber, die zu den größten Produzenten weltweit gehören. Natürlich gehört er von Anfang an zu den Verlierern des großen Spiels. Dazu kam eine verheerende Dürre, deren Schreckensbilder wir vielleicht noch vor Augen haben: die aufgerissene Erde, kein Grashalm mehr für das Vieh, und all die Menschen in ihren Dörfern, die nichts mehr zu essen haben. Diese Katastrophe zerstörte die »Pflanzendecke«, den Mantel der Erde. Wenn jetzt der Regen kommt, gibt es nichts mehr, was das Wasser hält. Es fließt in Sturzbächen davon und nimmt das letzte bisschen fruchtbarer Erde mit sich. Der Bauer verliert alles, seine Ernte, aber auch den Boden, den er bebaut. Was macht er also? Er zieht weg, in die Städte. Und dieser Prozess beschleunigt sich, die bäuerlichen Eltern schicken ihre Kinder in die Stadt. Das Land wandelt sich von Grund auf.

Die Frage, die sich stellte, war: »Wie können wir uns ernähren? Wie können wir genug produzieren?« Als ich darüber nachdachte, kam mir der Gedanke, dass das, was ich in der Ardèche-Region gemacht habe, auch in Burkina Faso funktionieren könnte. Dann gewann das Ganze plötzlich immer mehr an Bedeutung. Schließlich bat mich Präsident Sankara sogar, die Agro-Ökologie im ganzen Land einzuführen. Zurück in Frankreich habe ich weiter an diesem Plan einer schrittweisen Agrarreform gearbeitet, bis ich von der Ermordung Sankaras erfuhr. Diese außerordentliche Gelegenheit, dass ein ganzer Staat nach nachhaltigen Methoden wirtschaftet, die sich dank ihrer Effizienz schnell weiterverbreiten, war damit ein für alle Mal vorüber.

Im Westen aber quellen sogar die Mülltonnen über. Wir ertrinken im Überfluss und sind doch nicht zufrieden. Das Verrückte ist doch, dass die Menschen im Süden, die tausend Gründe hätten, sich zu beklagen, stattdessen lieber zu den Trommeln greifen, tanzen und das Leben feiern. Während wir in den »entwickelten« Ländern immer mehr Tabletten konsumieren. Da steht das Leid des Seins und der Existenz dem Leid des Habens gegenüber. Doch eine Hoffnung gibt es: Denn jeder Einzelne kann den Teufelskreis aus Gier und mangelnder Befriedigung für sich durchbrechen. Jeder kann die Produkte multinationaler Konzerne im Regal liegen lassen, weil diese einen sehr negativen Einfluss auf die Welt ausüben.

Wer die Welt verändern will, muss als Individuum erst einmal lernen, zufrieden zu sein und bescheiden.

Die Agro-Ökologie will die Natur bewahren, aber auch deren Schönheit.

Nur daraus entsteht das, was ich »glückliche Genügsamkeit« nenne. Denn die große Blasphemie unserer Zeit ist doch, dass wir das stete Wirtschaftswachstum als *die* Lösung betrachten, während es in Wirklichkeit *das* eigentliche Problem ist.

Im Mittelalter hätte man mich lebendig verbrannt. Doch wir können nicht einfach immer weiter den grenzenlosen Profit in den Mittelpunkt unserer Bestrebungen stellen und die Belange von Mensch und Natur dauerhaft ausblenden. Was wir heute den Fortschritt nennen, ist nichts anderes als die allmähliche Einführung eines Systems, das die Natur ihres Platzes verweist. Der Bauer gilt heute als ein Relikt der Geschichte, gefangen in Aberglauben und archaischen Vorstellungen, als wäre die Entwicklung an ihm vorbeigegangen. Auch der Arbeiter ist ganz ans untere Ende der gesellschaftlichen Hierarchie gerutscht. Und während der Mensch Jahrhunderte gebraucht hat, damit er lernt, sich seiner Hände zu bedienen, ist es heute der Intellektuelle, der der Gesellschaft als Vorbild dient, obwohl er sich nur seines Gehirns bedient und das praktische Wissen seiner Vorfahren nicht mehr kennt. Wir müssen wieder lernen, uns unserer Hände zu bedienen. So wie wir lernen müssen, unseren Körper wieder in Besitz zu nehmen, den wir nur allzu oft vergessen, wie Jon Kabat-Zinn in Kapitel 3 ausführt.

Der Wandel ist nötig. Und er muss in Richtung Genügsamkeit gehen. Wenn wir darüber nachdenken, wie viele wichtige Fragen noch nicht gelöst sind (der Hunger auf der Welt zum Beispiel) und wie viel Überfluss andernorts herrscht, dann merken wir schnell, dass das aktuelle Modell nicht brauchbar ist.

Unsere Konsumgesellschaft gründet auf dem Prinzip der geplanten Frustration, die der Befriedigung, nach der wir alle streben, entgegensteht. Man fühlt sich mies, und weil man etwas dagegen tun will, konsumiert man. Der Konsumwahn ist eine Kompensation, ein Versuch, die innere Leere zu füllen. Diese Illusion kann nur durch ständige Wiederholung des Konsumaktes aufrechterhalten werden, wirkliche Befriedigung stellt sich dabei nicht ein. Und die Werbung ist das Instrument, das sich in unser Unterbewusstsein einschleicht und dabei das ständige Gefühl des Mangels schürt. Tag für Tag sterben zahllose Menschen an Hunger, und doch gibt es niemanden, der mit dem Finger auf mich zeigt, wenn ich zehn Yachten besitze. Der Wunsch nach zügellosem Konsum und grenzenloser Bereicherung hat die menschliche Gesellschaft verändert und einen Teufelskreis der Verschwendung in Gang gesetzt. Ein weiterer Schritt hin zur Genügsamkeit ist eine andere Beziehung zur Zeit. Wenn man diese nämlich nicht mehr in Beziehung zum Geld setzt, dann hat auch die Hektik ein Ende und das ständige Gefühl des Zeitmangels.

Für eine neue Beziehung zur Zeit

Jahrtausendelang pflegte die Menschheit eine lebendige Beziehung zur Natur und zur »Zeit in uns«, die von Herzschlag, Puls, Atmung bestimmt war. Doch die Moderne hat mit dieser Zeit Schluss gemacht. Stattdessen herrscht jetzt überall das Diktat der Geschwindigkeit, die sich natürlich auch auf den Raum auswirkt. Wir haben mit der zyklischen Zeit gebrochen, der Zeit, die uns eingeschrieben war, und sind stattdessen in Überaktivität und absolute Hektik verfallen. Wir treten heraus aus der Ordnung der Zeit und erfinden immer neue Maßnahmen, um sie uns zu unterwerfen. Dieser Wahnsinn des Zeitsparens, des Keine-Zeit-Verlierens führt zu absurden Phänomenen: Denken Sie nur an all die Sportler, die bereit sind, ihre Lungen fast zum Platzen zu bringen, nur um ein paar Zehntelsekunden zu gewinnen. Die Bereitschaft, um der Leistung willen seinem Körper zu schaden, scheint mir doch sehr fragwürdig. Wir vergessen häufig, dass es nicht die Zeit ist, die vorübergeht, sondern wir. So laufen wir an unserem Leben vorbei. Wir müssten lernen, den Augenblick wieder für uns in Besitz zu nehmen.

Ich bestelle mein Land. Das hilft mir, mit den Jahreszeiten in Verbindung zu bleiben, mit all den natür-

Wir vergessen gerne, dass es nicht die Zeit ist, die vorübergeht, sondern wir.

lichen Rhythmen, denen uns die Moderne entfremdet hat. Daher sage ich meinen Freunden auch, dass die Zeit für die Arbeit in meinem Garten unantastbar ist. Die moderne Welt gründet sich auf dieses irrwitzige Prinzip: *Time is money*. Der Wahnsinn des Zeitsparens aber macht die Menschen nur verrückt. Sie sind Gefangene ihrer Uhren.

Es gibt gerade genug Bosse in den Unternehmen, die meinen: »Meiner Firma geht es gut, aber mir nicht.« Angesichts solcher Aussagen muss man sich doch fragen, wie man denn ein gelungenes Leben definieren sollte, wenn nicht als Entfaltung des Menschen in all seinen Dimensionen. Doch wir leben stattdessen mit dem Verdruss, und das macht diese Frage noch dringlicher.

Auf dem Land gibt es Zeiten, wo jeder aktiv ist. Den Frühling zum Beispiel: Da erwacht die ganze Schöpfung, alles ist im Wachsen, alles packt zu. Doch dieser Rhythmus passt sich den tatsächlichen Erfordernissen an. Es gibt auch Zeiten, in denen man einfach das Leben genießt. In der Stadt geht das nicht.

Aus diesem Grund sind Michèle, meine Frau, und ich damals aus Paris weggegangen und aufs Land gezogen. Dieser Rückzug von der Welt war nicht leicht. Wir hatten enorme Kämpfe auszufechten. Aber am Ende scheint mir der Preis, den wir bezahlt haben, gerechtfertigt. Denn was man durch die Auseinandersetzung mit Schwierigkeiten gewinnt, hat seinen ganz eigenen

Wert und ist kostbar. In gewisser Weise geben Risiko und Gefahr dem Menschen das Gefühl des Abenteuers zurück. Das soll nicht heißen, dass jemand, der sich anders entscheidet, es falsch macht. Aber nur so wird das Abenteuer Ausdruck der Freiheit: Ich gehe ein Risiko ein, der Weg ist möglicherweise voller Schwierigkeiten, doch wenn ich sie überwinde, lerne ich etwas. Dann wird der Weg zur Einweihung. Und das ist mein Beitrag, mein »Kolibri-Part« zur Veränderung der Welt.

DER FISCHER UND DER GESCHÄFTSMANN

Ein amerikanischer Geschäftsmann geht am Strand spazieren und sieht nicht weit entfernt einen Fischer, der sich ausruht, während seine Netze trocknen. Der Geschäftsmann spricht ihn an: »Mein Guter, wenn Sie rausführen und fischten, statt hier einen faulen Lenz zu schieben, könnten Sie sich ein größeres Boot leisten.«

»Und dann?«, antwortet der Fischer.

»Nun, mit diesem größeren Boot könnten Sie Leute einstellen, Arbeitsplätze schaffen und dann weitere Fischerboote kaufen.«

»Und dann?«, fragt der Fischer wieder.

»Und dann könnten Sie sich ausruhen«, meint der Amerikaner.

»Aber das kann ich doch jetzt schon ...«

Vom Individuum zur Gemeinschaft

Wie gesagt: Um die Welt zu verändern, müssen wir uns selbst verändern, denn ich bin die Welt und die Welt ist ich. Die Welt, in der wir leben, neigt dazu, uns die Verantwortung abzunehmen. In der Politik zum Beispiel können wir durch das allgemeine Wahlrecht einer bestimmten Person Macht geben. Dann sind wir deprimiert, wenn die Person sich als Null herausstellt! Bei vielen Menschen löst dies ein Gefühl der Ohnmacht aus, weil man sich einem Mechanismus unterworfen fühlt, auf den man nicht viel Einfluss hat. Denn schließlich gibt es in der Geschichte zuhauf Leute, die geglaubt haben, das Richtige zu tun, als sie eine bestimmte Ordnung umstürzten, um eine neue zu errichten. Die dann erneut in Unordnung umschlägt, und so weiter und so fort ... Dieser Teufelskreis zeigt, dass wir eine Übereinkunft brauchen, die die ganze Erde einbezieht, wenn wir das ändern wollen. Und wir müssen uns über die Werte verständigen, auf denen diese Übereinkunft beruhen könnte.

Die Illusion, ganz für sich zu sein, schafft nur Individualistentum und künstliche Gegensätze. Der Individualismus schließt uns in uns selbst ein. Er bannt uns in eine Wirklichkeit, die so eng ist, dass wir darin schnell zu Eingeschlossenen werden: Wir sind gefangen in uns selbst. Aber wir sind nicht voneinander getrennt: Wir atmen dieselbe Luft, trinken dasselbe Wasser, und unsere Beziehungen zueinander bilden einen Energiefluss, der uns verbindet. Ich bedauere sehr, dass sich die künstlichen Gegensätze zwischen uns und der Welt immer weiter und weiter fortschreiben. Schon die Erziehung macht uns zu Konkurrenten. Das ist wirklich eine Katastrophe. Statt ein Kind Solidarität, Mitgefühl, Hilfsbereitschaft und Zusammenarbeit zu lehren, drängt man es zum Wettbewerb, zur Rivalität. Die herrschende Ideologie verkauft ihre Rezepte, ihre Dogmen, ihr Credo als System ohne Alternative. Unsere aktuelle Erziehung führt zu einer Indoktrination, die Erwachsene »produziert«, die an die herrschende Ideologie entsprechend angepasst sind. Dabei wäre die Liste aller Fehler und Mängel unseres Erziehungssystems ziemlich lang. Doch die wissenschaftlichen Resultate, die Matthieu Ricard im vorangegangenen Kapitel aufführt, geben uns Hoffnung. Auch das Verhältnis zwischen Männern und Frauen ist eine Frage der Herrschaft. Es tut mir in der Seele weh zu sehen, wie das Weibliche auf der ganzen Welt dem Männlichen unterworfen ist und dieses mitunter seinen Machtanspruch mit enormer Brutalität durchsetzt. Dabei sind dies doch komplementäre Energien, die »Gegensätze«, aus denen das Leben entsteht, wie die Schöpfung zeigt.

Falls es der Menschheit gelingt, der von ihr selbst verursachten Ausrottung zu entgehen, wird man über uns zumindest eines mit Sicherheit sagen können: Wir sind sehr schlechte Vorfahren gewesen. Denn wir überlassen es künftigen Generationen, mit unseren Sünden am Leben fertig zu werden.

Das Problem ist mittlerweile so umfassend, dass wir, wenn wir mit der historischen Kurskorrektur warten, bis die Leute, denen wir unsere Macht übertragen haben, zu einer Lösung gekommen sind, nicht mehr hoffen dürfen. Wenn ich Politiker reden höre, habe ich häufig den Eindruck, dass man verbissen an einem Modell herumtherapiert, das längst zum Aussterben verurteilt ist. Man hält sich an die politischen Spielregeln, ohne auf die Grundlagen des Lebens zu achten. Doch auch das politische Establishment, mit dem wir leben, merkt allmählich, wie wenig es noch ausrichten kann. Es ist wirklich an der Zeit, dass Bewusstsein entsteht, dass neue Utopien entstehen, wie es sie in unserer Zivilgesellschaft immer häufiger gibt.

Das Bewusstsein erhebt sich

Die wahre Revolution ist jene, die uns selbst zur Veränderung einlädt, damit die Welt sich wandelt. Und der globale Wandel wird nur erfolgen, wenn ihm der Wandel der Menschen vorausgeht. Ändert sich der Mensch nicht, ändert sich auch alles andere nicht. Daher ist es so wichtig, dass jeder Einzelne von uns konkret und aktiv Verantwortung übernimmt. Daher ist es so wichtig, dass unser Bewusstsein erwacht: Und der erste Schritt besteht darin festzustellen, wie wenig wir uns dieser Probleme bewusst sind. Dies ist gleichsam die Initialzündung. Damit entzünden wir, immer noch ohne

Globalen Wandel wird es nur geben, wenn ihm der Wandel der Menschen vorausgeht. Ändert sich der Mensch nicht, ändert sich auch alles andere nicht.

uns dessen gewahr zu sein, das Feuer des Wandels in uns.

Ich mag den Ausdruck »Erwachen des Bewusstseins« eigentlich nicht so besonders. Das ist ein wenig, als ruhe es schlafend in uns und wir müssten es nur ein wenig rütteln, damit es sich ohne Verzug an die Arbeit macht. Daher spreche ich lieber vom »Sich-Erheben des Bewusstseins«. Wenn jemand einen Berg ersteigt, verlangt ihm dies Anstrengung ab. Seine Beine brennen, doch der Blick kann immer mehr in die Weite schweifen, die immer deutlicher sichtbar wird. Unser Verhalten und die Art, wie wir unser Zusammenleben organisiert haben, sind geprägt von den engen Grenzen unserer Ideologien des Glaubens, der Nation etc. Und was hat uns das gebracht? Haufenweise Gewalt!

Unsere Kultur zeichnet die Wirklichkeit bruchstückhaft, wo sie doch eins ist. Dabei erfüllt uns doch alle dieselbe Energie. Und wir gehören alle einer Art an. Wenn unser Bewusstsein sich erhebt, dann können wir die Beziehung zwischen den Elementen der Wirklichkeit erkennen, und wir sehen, dass es keinen wesensmäßigen Unterschied gibt. Den Blick schweifen zu las-

> Ich glaube, dass die Zivilgesellschaft ein riesiges Experimentierfeld ist, das den Interessen der Allgemeinheit dort dient, wo die Politik um jeden Preis am althergebrachten Modell festhält.

sen erfordert Anstrengung, echte Initiative. Ich glaube, dass diese Ausweitung des Blickwinkels im Moment geschieht, weil immer mehr Menschen ihrem Leben und ihrer Existenz einen Sinn verleihen wollen.

Manchmal frage ich mich, wie die Menschen sich wohl verhalten würden, wenn es zu einer ausgeprägten Krise käme: Jeder gegen jeden oder alle miteinander? Natürlich setzen wir von der Organisation »Oasen allenthalben« *(Oasis en tous lieux)* auf Letzteres.

Daher müssen wir zuallererst lernen, uns von unserer individuellen Geschichte zu befreien, um eine Gesellschaft auf der Grundlage eines dekonditionierten Bewusstseins aufzubauen. Denn unsere ideologischen, nationalen und religiösen Konditionierungen sind die Hauptursache für Gewalt auf der Erde.

Jetzt, wo der Zustand der globalisierten Welt sich fortlaufend verschlimmert, bringt die Zivilgesellschaft eine Unmenge neuer Ideen und Vorstellungen hervor. Dieses Experimentallabor der Gesellschaft weckt Hoffnungen, denn es entsteht aus der lebensnotwendigen Reaktion von Einzelpersonen und Gruppierungen. In einem meiner letzten Bücher spreche ich vom schöpferischen Elan der Zivilgesellschaft. Der Ansicht bin ich auch heute noch. Ich glaube, dass die Zivilgesellschaft ein riesiges Experimentierfeld ist, das den Interessen der Allgemeinheit dort dient, wo die Politik um jeden Preis am althergebrachten Modell festhält.

Doch es ist unbestreitbar, dass dieses Modell auf den Prüfstand muss. Die aktuelle Krise hat einen großen Vorteil: Sie befreit uns von den alles beherrschenden Illusionen. Wir befinden uns in einer schwierigen Übergangsphase. Die Panik schwappt auf die Straßen über und drängt sich gleichermaßen ins Innerste der Menschen. Zur selben Zeit aber mehren sich die Energien für eine Gegenbewegung. Die Kraft des Lebens wird sich Bahn brechen. Wir Menschen haben keine Lust zum Aussterben! Diese unsichtbare Alchemie wirkt in uns. Sie führt uns zu einem harten, aber fruchtbringenden Realismus. In dieser entscheidenden Phase ist es wichtig, dass jeder Einzelne erkennt, dass er nicht allein ist.

Schon der gesunde Menschenverstand sagt uns, dass Zusammenarbeit effizienter und gesünder ist als Wettbewerb, wenn es um die Lösung von Problemen geht. Ameisen, Bienen und Termiten zeigen uns das dort, wo es um das schlichte Überleben geht. Die Gesetze des Lebens, die Gesetze der Zusammenarbeit und des Teilens, ob es nun um Energie, Wissen und praktische Fähigkeiten geht, führen am Ende zur Befriedigung aller. Der Wettbewerb hingegen führt nur zur Schwächung des großen Ganzen im Namen einiger weniger.

Zusammenarbeit hingegen ist getragen von Großzügigkeit und Wohlwollen. Sie ist die weitaus intelligentere und elegantere Lösung.

Im Bewusstsein der Menschen ist in aller Stille eine geheime Alchemie am Werk. Wie im Winter, wo sich die Explosion des Lebens im Frühling vorbereitet. Auch während des großen Schlafs der Natur hat man den Eindruck, dass nichts geschieht. Alles scheint statisch, unbewegt, während sich in Wirklichkeit in der Tiefe der Erde ein Keimprozess vollzieht, der am Ende einen Blütenreigen mit sich bringt. Ich habe das Glück, zu den Menschen zu gehören, die Zeugen dieses Phänomens werden. Es zeigt sich in Büchern und auf Konferenzen: Denn ich sehe, dass Leser und Zuhörer immer zahlreicher werden.

HUMUS – WURZEL DER MENSCHHEIT

Die Erde ist das Element, dem wir unser Leben verdanken. Unsere gesamte Existenz beruht auf dieser dünnen Haut des Planeten von etwa zwanzig oder dreißig Zentimetern Dicke: dem Humus. Und doch sind wir dabei, den fruchtbaren Boden zu zerstören – durch eine chemisch orientierte Landwirtschaft, die ihn vergiftet. Viele dieser Stoffe wurden für militärische Zwecke entwickelt, für die Kriegführung. Später dann war es die Chemie des Erdöls, die die Landwirtschaft zur Verwendung jener Substanzen verführt hat, um mehr Profit zu machen. Die Erde ist ein lebender Organismus, Dünger und Pestizide machen ihn krank: Wenn wir das Bodenleben abtöten, die Mikroorganismen, die Spurenelemente, die Würmer, dann nehmen wir ihm seine Lebendigkeit. Daher nährt man die Erde im biologischen Landbau nur mit organischen Stoffen, die durch Kompostierung entstehen, durch Fermentation. Genau das passiert zum Beispiel in den Wäldern: Die toten Blätter fallen und zersetzen sich. So entsteht die Humusschicht. Erde kehrt zu Erde zurück. Der Humus lässt neues Leben aus der Erde entstehen. Das ist der ewige Zyklus von Leben und Sterben. Alles, was stirbt, wandelt sich.

Humus – nicht umsonst hat das Wort Anklänge an die alte Tugend der *humilitas* (Bescheidenheit) und an die *humanitas,* die Menschlichkeit, die in Begriffen wie *humanitär* fortbesteht. Der Humus ist das Schlüsselelement im Sich-Erheben des Lebens: ein ganz besonderer Stoff!

Beim Kompostieren produziert man Humus. Diesen führt man dann der Erde zu, um sie zu nähren. Weil man sie liebt, sorgt man dafür, dass es ihr gut geht. Man gibt ihr die Möglichkeit zur Wiederauferstehung mithilfe lebendiger Stoffe. Ist das nicht ein Lehrstück für unser gesamtes Sein? Statt zu zerstören, sollte der Mensch sich in den Zyklus des Lebens fügen und dieses erhalten.

Sich der Erde annehmen heißt sich des Lebens annehmen

In der Agro-Ökologie nehmen wir uns der Erde an. Das hat einen Grund, und zwar einen recht schmerzhaften: Wir wissen um den Hunger in der Welt. Wie kann man zulassen, dass Kinder geboren werden, die in einer Welt, die durchaus in der Lage wäre, all ihre Bewohner zu ernähren, an Hunger sterben? Und das, wo andernorts die Waffen das Hohelied des Todes singen! Vergleicht man die Energie, die der Liebe dient, mit jener, die für Hass und Zerstörung arbeitet, müssen wir wohl oder übel feststellen, dass dem Todestrieb mehr gehorcht wird als dem des Lebens. In meinen Augen ist es ein Akt der Liebe, sich der Erde anzunehmen. Wenn wir uns der Erde annehmen, nehmen wir uns der Menschen an. Alles ist miteinander verbunden.

Einem Bauern zu zeigen, wie er sein Land achten, wie er sich und seine Kinder besser ernähren kann, und dabei die Erde zu schützen, das ist ein Prozess, der am Ende Gutes schafft. Der dem Heiligen wieder Raum gibt und das harmonische Gleichgewicht zwischen dem Menschen und seiner lebendigen Umwelt wieder herstellt.

Viele Menschen fragen sich, ob das Auftauchen des Menschen auf der Erde Teil einer normalen biologischen Entwicklung ist, ob wir einfach nur kluge Tiere unter vielen anderen sind, die eines Tages wieder verschwinden werden, Opfer ihrer selbst. Oder ob unsere

Existenz hier einen anderen Sinn hat. Wenn ich die Natur betrachte, dann erhebt sich in mir eine Schwingung, die reiner Jubel ist. Das ist einer der Hauptgründe, warum meine Frau und ich einen Bauernhof erworben haben, um dort zu leben und zu arbeiten. Die Frage der Schönheit hat bei unserer Entscheidung eine große Rolle gespielt. Die landwirtschaftlichen Bedingungen waren nicht gerade ideal: steiniges, karges Land, kaum Wasser und keine Elektrizität. Zwar schlugen sich die Schönheit der Landschaft, die Stille, die reine Luft nicht in der Bilanz nieder, zählten aber letztlich doch mehr für uns. Heute ist nur noch Produktivität von Bedeutung. Da bleibt für die Schönheit nicht mehr viel Raum. Die entscheidende Frage ist also: Wie können wir das Allumfassende der Liebe erhalten? Wie schützen wir sie vor der Pervertierung durch unsere merkantile Sicht?

Als wir uns auf unserem kleinen Bauernhof in der Ardèche niederließen, haben wir anfangs im Winter mit Holz geheizt. Aber wir waren sehr arm. Eines Tages sitze ich mit Freunden im Bistro und trinke einen Kaffee, als ich jemanden höre, der sich beklagt, er müsse sein ganzes Holz allein schlagen. Ich lerne den Mann kennen, wir beschließen, uns gegenseitig zu helfen. Nach eines langen Tages Arbeit – wir haben im Wald Holz geschlagen –, setze ich mich abends nieder. Die Sonne geht unter und verwandelt den Himmel in ein flammendes Schauspiel. Vor dem rotleuchtenden Feuer zeichnet sich schwarz die Silhouette eines riesigen Baumes ab. Ich verfalle in Stillschweigen, ein Gefühl der Ekstase erfüllt mich. Mein Kumpel, der nicht recht weiß, was los ist, kommt näher. Ich will meine Begeisterung mit ihm teilen: »Schau nur!« Und er antwortet: »Ja, das gäbe mindestens zehn Ster Holz.«

Ein vielsagendes Missverständnis!

Die Utopie leben

Die größten Probleme auf der Erde haben mit der Angst vor dem Tod zu tun. Als ich um die vierzig war, stellte sich bei mir plötzlich eine Identitätskrise ein. Das Paradoxe daran war, dass mir zu jener Zeit nichts fehlte, um das Leben in vollen Zügen genießen zu können. Doch genau in diesem Moment kam die Krise. Ich habe damals viel Krishnamurti gelesen, das hat mir sehr geholfen. Doch Krishnamurti, ein echter Erleuchteter, war für mich weder väterlicher Ratgeber noch Tröster. Er hat mir nur einfach geholfen, mir selbst zu helfen. Wie ein Geburtshelfer im sokratischen Stil, ohne Dogmen, ohne Patentrezepte, ohne erhobenen Zeigefinger, zeigt er, wie der Geist die Wirklichkeit erforschen kann, auch die von ihm selbst initiierte Wirklichkeit, indem er schlicht und einfach nur die Fakten beobachtet, ohne sich von der fieberhaften Aktivität unseres Denkens ein X für ein U vormachen zu lassen: ein Realismus ohne Wenn und Aber. Krishnamurti gilt der Theosophischen Gesellschaft als Eingeweihter in die Tiefen des *nous*, des Geistes. Und er hat alles abgelehnt, was ihn dauerhaft in die Rolle des Gurus gedrängt hätte. Er ist der Anti-Guru schlechthin, und das ist es, was mich beruhigt hat.

Die Utopie dekonditioniert uns. Manchmal macht sie uns klar, dass wir mit etwas Schluss machen müssen, um überleben zu können. So sehen unsere Alternativen aus: Entweder wir passen uns an (»Man kann ja eh nichts machen!«) oder wir lassen den Status quo hinter uns, um den Wandel einzuleiten.

Die Utopie zu leben, das heißt vor allen Dingen zu akzeptieren, dass etwas im Werden begriffen ist. Ein Geschöpf voller Achtsamkeit und Mitgefühl zu sein, ein Geschöpf, das mit seiner Intelligenz, seiner Fantasie und seinen Händen dem Lob des Lebens dient, dessen höchster, subtilster und verantwortungsvollster Ausdruck es ist.

WER MICH INSPIRIERT

Thomas Sankara (1949–1987)

Thomas Sankara war Präsident von Burkina Faso und durch und durch Afrikaner, auch wenn sein Denken die ganze Welt widerspiegelte. Der unbestechliche Anwalt aller Menschen ist ein Held des schwarzen Afrika, dem ein tiefer Widerspruch innewohnte: Er war Offizier und gleichzeitig ein Mann des

Friedens, der sich für die Belange der Menschen einsetzte. Und er kämpfte als Mann für die Rechte der von Männergewalt unterdrückten Frauen. So hat er viel für die Anerkennung unserer Mütter, Schwestern und Partnerinnen getan, wie er selbst es gerne ausdrückte. Am 15. Oktober 1987 wurde Sankara bei einem Staatsstreich des Militärs ermordet.

Yehudi Menuhin (1916–1999)

Yehudi Menuhin war ein Schöngeist, ein großartiger Geiger, aber auch ein Mann, der sich für Frieden, Ökologie und die Rechte der Menschen einsetzte. Seiner kindlichen Unschuld und Sensibilität lag eine ganz eigene Logik zugrunde. Als Freund Nelson Mandelas bewahrte er sich stets ein großes Herz. Er war nicht nur Künstler, sondern glaubte an höhere Werte. In der Politik nahm er häufig mutige Positionen ein, vor allem im Konflikt zwischen Israel und Palästina. Für mich war er ein guter Freund. Er hatte über meine Arbeit in der Sahelzone durch mein Buch *Du Sahara aux Cévennes* erfahren, und dies hatte ihn zutiefst berührt: Unsere Begegnung war einzigartig. Gemeinsam haben wir am Plan für ein europäisches Parlament der Kulturen gearbeitet, das die kulturelle Artenvielfalt als Erbe aller erhalten helfen sollte. 1992 hat Yehudi Menuhin mir die Ehre erwiesen, ein Konzert allein unserem Projekt zu widmen. Es hatte den vielsagenden Titel *Hymne für eine menschenwürdige Erde.*

Meine drei Vorschläge zur Rückkehr zur Natur

1. Einen Garten bestellen

Wenn Sie die Möglichkeit haben, einen Garten zu bestellen, dann zögern Sie nicht. Zum einen werden Sie dadurch viel über die Rhythmen der Natur lernen, denn die Jahreszeiten lehren uns Geduld. Einen Garten zu bestellen heißt auch nicht nur, selbst Gemüse zu ziehen. Gartenarbeit ist vielmehr ein Lehrstück über die Wunder des Lebens. Niemand kann dieses Wunder vollbringen, nur das Leben selbst, und dies mit einem unglaublichen Feingefühl. Man betrachte nur den menschlichen Körper. Man legt ein Samenkorn in die Erde – und in diesem Samenkorn sind Millionen weiterer Samenkörner enthalten. Es ist schon ein Wunder, dass in so einem kleinen, schlafenden, unscheinbaren Korn so viel Leben steckt.

Aber seinen Garten zu bestellen ist auch ein enorm politischer Akt, ein Akt des Widerstands. Entweder überlassen wir den multinationalen Konzernen und Geschäftemachern die Sorge für unser leibliches Wohl und lassen zu, dass sie das Leben an sich patentieren, uns abhängig machen und uns die Möglichkeit nehmen, uns selbst zu ernähren. Oder wir bestellen unseren Garten, der uns nicht nur Glück beschert, sondern uns auch in direkten Kontakt zu den Kräften des Lebens bringt, ohne die wir gar nicht existieren würden.

2. Die Utopie leben in der Rolle des Verbrauchers

Es ist wichtig, was wir kaufen. Denn jedes Mal, wenn ich meinen Tank fülle, gebe ich den Großkonzernen, gegen die ich sonst ständig zu Felde ziehe, Geld. Ich kann diesen Grundwiderspruch meines Lebens nicht leugnen. Wir sind alle Teil eines Systems, das wir eigentlich ablehnen. Dieses System nutzt sämtliche Möglichkeiten, um uns geschickt zu manipulieren und mithilfe der subtilen Botschaften der Werbung unser Bewusstsein und unsere Entscheidungen zu prägen. Es wird ja nicht nur ein Produkt verkauft, sondern vor allem ein Traum, eine Fata Morgana. Es ist an der Zeit, dass wir diesen Kerker hinter uns lassen, um mit einer schöpferischen Utopie auf den Fundamenten des Gewahrseins eine neue, ganz konkrete Welt zu schaffen.

3. Die Liebe zum Wandel in der Welt

Wenn man davon ausgeht, dass die Gesellschaft sich nicht verändern kann, wenn sich nicht das Individuum verändert, kann jeder etwas für den Wandel in der Welt tun: Er kann sich selbst ändern. Dieser wichtige Schritt besteht meiner Ansicht nach darin, dass jeder von uns in der Beziehung zu seinen Mitmenschen die Liebe lebt, selbst wenn das schwierig ist. Ich glaube, wir müssen tolerant sein zueinander, einander nicht zu schnell verurteilen, denn jeder Mensch ist vielleicht gerade mitten im Wandel begriffen. Alles jedoch, was dem zutiefst heiligen Charakter des Lebens schadet, muss meiner Ansicht nach kompromisslos bekämpft werden.

Nur wenn wir von unserem eigenen, höchstpersönlichen Mikrokosmos ausgehen, werden wir die Welt befrieden können, weil wir unsere Familien- und Paarbeziehungen in immer größerer Harmonie leben können. Jeder von uns hat seinen eigenen Raum, in dem die Kraft seines freien Willens unangefochten herrscht. Es gibt keine Kraft, die dem Leben mehr Fülle und Sinn schenken könnte als die Liebe. Diese Tatsache sollten wir nie vergessen.

6

BEWUSSTSEIN IN AKTION

CAROLINE LESIRE & ILIOS KOTSOU

Caroline Lesire ist Politikwissenschaftlerin und engagiert sich in der Entwicklungsarbeit. Ilios Kotsou ist Psychologe und erforscht die emotionale Intelligenz. Gemeinsam haben sie die Organisation Émergences gegründet. Von den beiden stammt die Idee und die redaktionelle Arbeit zu diesem Buch.

»Ein Baum, der fällt, macht mehr Lärm als ein Wald, der wächst«, sagt ein afrikanisches Sprichwort. In unserer globalisierten Welt sehen wir uns Tag für Tag mit Schreckensmeldungen konfrontiert: Wirtschaftskrisen, Hungersnöte, soziale Verwerfungen, Brände, Überschwemmungen und barbarische Gewalt. Ein Streit, der eskaliert, erregt sehr viel mehr Aufmerksamkeit als tausend kleine Differenzen, die friedlich beigelegt werden. Wie auch immer, das finstere Gesicht der Menschheit rückt jedenfalls sehr viel häufiger ins Scheinwerferlicht als ihr strahlendes, lichtes Antlitz. Die unzähligen Akte selbstloser Großzügigkeit und andere Formen uneigennützigen Verhaltens schaffen es nur selten in die Schlagzeilen.

Roy Baumeister, Professor für Sozialpsychologie an der Universität von Tennessee, geht davon aus, dass das Negative sich dem menschlichen Gehirn stärker einprägt als das Positive. Diese negative Voreingenommenheit hat entwicklungsgeschichtliche Gründe: Um zu überleben, war für unsere Vorfahren das schnelle Erkennen von Gefahren wichtiger als die Wahrnehmung potenzieller Wohltaten. Da unser Bewusstsein also empfindlich geschärft ist für Irrtümer und ihre möglicherweise schädlichen Auswirkungen, entsteht in uns häufig ein Gefühl der Ohnmacht. Der Gedanke, dass wir die die bestehenden Verhältnisse nicht beeinflussen oder ändern können, führt zu einer Art Resignation. Schon die Art, wie Information heute in Umlauf gebracht wird, verurteilt uns zur Rolle des passiven Zuschauers: Wie ein Schwamm, der alles aufnimmt, womit er getränkt wird, saugen wir Informationen aus einer »übergeordneten« Quelle (Experten, Journalisten, Ökonomen). Doch die Bürger wollen teilhaben, sie wollen handeln. Wie also können wir uns die Hoffnung zurückerobern?

Die Gefahren der Resignation

Denn wenn wir aktiv werden wollen, um im Frieden mit uns selbst und mit anderen zu sein, dürfen wir die Hoffnung nicht sinken lassen. Es führt nirgendwo hin, angesichts einer ungewissen Zukunft einfach in Resignation zu verfallen.

Es gibt eine wegweisende Studie zum Thema »Resignation«, die 1967 von dem Psychologieprofessor Martin Seligman und seinen Kollegen durchgeführt wurde.[45] Im ersten Versuchsteil der Studie wurden Hunde vergleichsweise milden Stromstößen ausgesetzt. Die Hunde der ersten Gruppe konnten mit einem Schalter die Stromstöße abstellen. Die zweite Gruppe hatte keinerlei Kontrolle über das Geschehen. Im zweiten Teil des Versuchs führte man die Hunde in ein Gehege, das von einem leicht überwindbaren Gatter in zwei Teile geteilt wurde, und verabreichte ihnen erneut Stromstöße. Da den Hunden nur in einer Hälfte des Geheges Stromstöße verabreicht wurden, konnten sie diesen durch einen Sprung über das Gatter entgehen. Die Hunde, die keine Möglichkeit gehabt hatten, die Stromstöße abzustellen, versuchten erst gar nicht, sich ihnen zu entziehen. Die Hunde der anderen Gruppe sprangen einfach über das Gatter.

Diese »erlernte Hilflosigkeit«, wie die Wissenschaftler das nennen, lässt sich auch bei Menschen beobachten. Wenn ein Mensch die Feststellung macht, dass er keinen Einfluss auf das Geschehen hat, dann verfällt er in Resignation. Diese resignative Haltung greift bald auch auf Bereiche über, in denen er durchaus etwas hätte bewirken können. Der Betreffende stellt den Kontakt zur Umwelt ein, er unterlässt selbst die kleinen Gesten der Solidarität, zum Beispiel gegenüber Nachbarn oder anderen Menschen in Schwierigkeiten. Erworbene Hilflosigkeit schwächt unsere Motivation und unsere Lernfähigkeit und damit gerade die Dinge, die wir brauchen, wenn wir die Welt vorwärts bringen wollen.

Die Hoffnung, nützlich zu sein

Um uns die Hoffnung zu bewahren, müssen wir das Gefühl haben, dass unser Tun etwas nützt. Der Psychologe Albert Bandura hält das Gefühl, dass wir mit unserem Handeln die erwünschten Resultate erzielen können, für die Grundlage unserer Motivation: Er nennt dies das Gefühl der »Selbstwirksamkeit«.[46] Wenn wir nicht überzeugt sind, dass wir den Status quo ändern können, sehen wir auch keinen Grund, aktiv zu werden und uns den Schwierigkeiten zu stellen.

Daher sind Warnungen und negative Prognosen, die die Risiken einer Situation aufzeigen, wichtig, um ein Bewusstsein dafür zu schaffen, dass Veränderung nottut. Doch wie viele Studien aus der Positiven Psychologie zeigen, ist es damit noch nicht getan, wenn wir einen dauerhaften Wandel bewirken wollen.

Die Hoffnung ist also unverzichtbar, wollen wir wegkommen von der Lähmung, welche das Bewusstsein der Dringlichkeit ausgelöst hat, und ein freudiges Engagement entwickeln, das sich auf einen zuversichtlichen und realistischen Optimismus stützt. Wir müssen auf den Wald horchen, der wächst, statt unser Ohr einzig auf das Krachen der fallenden Bäume zu richten. Dann merken wir sehr schnell, dass wir nicht die Einzigen sind, die sich in Bewegung gesetzt haben. Dass viele positive Veränderungen bereits jetzt geschehen. Einige dieser Initiativen finden Sie am Ende dieses Buches aufgelistet. Sobald wir uns dessen bewusst werden, entzündet sich der Funke Hoffnung, der in die Zukunft weist. Dann wächst uns auch die Kraft zu, das bereits vorhandene Engagement weiterzutragen und zu verstärken.

Die Hoffnung zu nähren und das Positive zu sehen heißt nicht, dass wir künftig mit verklärendem Blick auf die Welt schauen und Leiden und Probleme ausblenden. Wir machen uns nur bewusst, dass es neben all den Schwierigkeiten und Herausforderungen, mit denen sich die Menschheit konfrontiert sieht, auch zahllose individuelle und kollektive Projekte gibt, die Hoffnung machen. Eben darum geht es in der Positiven Psychologie, wie wir in unserem vorhergehenden Buch erklärt haben.[47]

Eine Reise von tausend Meilen beginnt mit dem ersten Schritt

Wanderer, deine Spuren sind der Weg,
nichts anderes;
Wanderer, es gibt keinen Weg,
der Weg entsteht im Gehen.
Im Gehen entsteht der Weg,
und im Zurückblicken
Sieht man den Pfad,
den man so nie wieder
durchschreiten wird.
Wanderer, es gibt keinen Weg,
nur Furchen im Meer.

ANTONIO MACHADO[48]

Wir müssen den Weg zu Veränderungen, die wir anstreben, in viele kleine Schritte aufteilen. Das erlaubt uns, nicht zu verzweifeln angesichts des Ausmaßes unserer Aufgabe. Oder wie Konfuzius sagt: »Wer einen Berg abtragen will, beginnt mit den kleinen Steinen.« Wenn wir den Mut zum Aufbruch finden wollen, sollten wir uns vielleicht die Bedeutung unserer kleinen Schritte bewusst machen. Wir sollten sie für das schätzen, was sie sind, um ihrer Absicht willen. Und wir sollten uns nicht verrückt machen mit dem Starren auf Ergebnisse, die ja nicht nur von uns abhängen, ja, die sich meist auch nicht sofort ergeben. Diese Form von klarem Blick hilft uns auch, unsere Energie auf jene Bereiche zu konzentrieren, in denen wir etwas bewirken können, und das akzeptieren zu lernen, was wir nicht auf direktem Wege ändern können.

Was unseren Einfluss und unsere Verantwortung für den Wandel hin zu einer gerechteren Welt angeht, schreibt Stéphane Hessel: »Jeder, als ein bescheidenes Mitglied seiner Gesellschaft, die mit anderen Gesellschaften auf dem Weg zur Weltgesellschaft ist, kann ein kleines Stück vom Willen dieser Reform umsetzen, und zwar schon in der allernächsten Umgebung. Er braucht nicht nach New York zu gehen und sich im Sicherheitsrat zu beraten. Er kann in Paris sein und sich sagen: Hier im 14. Arrondissement, da hat es zu wenig Bäume, dagegen müssen wir was tun. Und das Tun, das an sich ja immer ganz lokal bestimmt ist, muss sich dabei über den kategorischen Imperativ verallgemeinern lassen, damit das, was man tut, vernünftig ist.«[49]

Der Wandel ist ansteckend

Wie aber können wir es nun bewerkstelligen, dass wir mit unserem individuellen Handeln jene Bedingungen schaffen, die den Wald zum Wachsen bringen? Der Wandel ist ansteckend: Die Erfahrung zeigt, dass kleine Emotionen und alltägliche Gesten nicht selten eine Spirale des Positiven in Gang setzen. Wenn wir unser Verhalten ändern und beschließen, unser Leben ein wenig

Die Hoffnung zu nähren und das Positive zu sehen heißt nicht, dass wir künftig mit verklärendem Blick auf die Welt schauen und Leiden und Probleme ausblenden.

mehr an unseren Prinzipien auszurichten, hat das nicht nur Auswirkung auf uns, sondern auch darüber hinaus: Wir beeinflussen unsere Umwelt unmittelbar und mit ihr die Menschen, mit denen wir zu tun haben. Das gilt für die alles entscheidenden Augenblicke im Leben ebenso wie für unsere Begegnungen im Alltag.

Wenn wir uns auf die Stärken, Tugenden und Begabungen von Individuen und Gruppierungen konzentrieren, wenn wir das in den Blick nehmen, was der Einzelne zustande bringt, wenn wir in jedem das Beste sehen, dann wird so eine positive Spirale in Gang gesetzt, die unsere Gesellschaft stärker verändern kann, als wir uns träumen lassen.

Nehmen wir nur einmal das Gefühl der Dankbarkeit: Es stärkt unsere Beziehungen und verbindet uns mit der Welt. Robert Emmons, Professor für Psychologie an der University of California, hat sein ganzes Leben dem Studium der Dankbarkeit gewidmet. In seinen Augen gehört sie zu den natürlichen Gaben, die unser eigenes Leben und das anderer Menschen massiv verändern können.[50] Dankbarkeit entsteht in uns, wenn wir merken, dass wir von anderen Menschen eine Wohltat empfangen haben. Wir erkennen an, dass wir mit anderen in wechselseitiger Abhängigkeit verbunden sind, dass wir einander brauchen, um leben zu können. Denn wie André Comte-Sponville sagt: »Danken heißt geben; sich bedanken heißt mit jemandem teilen.«[51] Zahlreiche wissenschaftliche Untersuchungen zeigen, dass Dankbarkeit die positiven Verhaltensweisen des Menschen verstärkt, dem geholfen wird, und zwar weit über die simple »Gegenseitigkeit« hinaus. Dies wiederum kommt auch dem Helfenden zugute: Das Gefühl sozialer Nützlichkeit, das wir entwickeln, wenn man uns Dankbarkeit erweist, motiviert uns zu weiterem Engagement für andere.[52]

HANDELN OHNE ERWARTUNGEN

Einem Weisen kam zu Ohren, dass es im Wald gebrannt haben soll. Er ruft seine Schüler zusammen und sagt: »Wir müssen neue Zedern pflanzen.«
»Zedern, Meister? Aber die brauchen ja tausend Jahre zum Wachsen!«
»Dann müssen wir uns beeilen. Wir dürfen keine Sekunde verlieren.«

Ein anderes interessantes Beispiel sind die sogenannten »erhebenden Gefühle«. Professor Jonathan Haidt konnte mit seinen Forschungsarbeiten zeigen, dass Menschen, die Zeugen von prosozialem Verhalten wer-

Die Kinder dieser Favela haben ein Anrecht auf eine *bolsa familia* (Familienförderung), wenn sie zur Schule gehen und nachweisen können, dass ihr Impfschutz auf dem neuesten Stand ist.

den oder davon hören, den Wunsch empfinden, selbst ein besserer Mensch zu werden und anderen zu helfen.[53] Dieses erhebende Gefühl motiviert die Betreffenden zu altruistischem Verhalten. Dies wiederum steigert die Dankbarkeit, die ihrerseits wieder zu erhebenden Gefühlen und mehr Altruismus führt: Eine positive Spirale setzt sich in Gang.

Um herauszufinden, ob und wie das Gefühl des Erhobenseins unser Verhalten beeinflusst, haben Simone Schnall, Professorin an der Universität Cambridge, und ihre Mitarbeiter einen Versuch entworfen: Die Teilnehmer sehen Filmausschnitte, die entweder aus einem neutralen Programm (wie zum Beispiel eine Naturdokumentation) stammen oder aus einem Film, der ein Gefühl des Erhobenseins auslöst (zum Beispiel eine Biografie von Mutter Teresa), oder aus einer Komödie. Danach gibt der Versuchsleiter vor, selbst Hilfe zu benötigen. Er sagt den Teilnehmern, dass sie zwar gehen könnten, dass es für ihn aber sehr hilfreich wäre, wenn sie ihm bei einer anstrengenden Aufgabe zur Seite stünden. Der Versuch zeigte, dass jene Teilnehmer, die den Film gesehen hatten, der erhebende Gefühle auslöst, zweimal mehr Zeit aufwendeten, um dem Versuchsleiter zu helfen, als die anderen.[54]

Das ist einer der Gründe, weshalb wir altruistisch inspirierte Projekte vorstellen, die von Menschen getragen werden, die sich für eine solidarischere, nachhaltigere und gerechtere Welt einsetzen. Und weshalb jeder Autor die Menschen vorstellt, die ihn inspiriert haben.

Kolibris sind überall

Die Augen zu öffnen, um Zeuge altruistischen Handelns zu werden, Zeit mit Menschen verbringen, die Tag für Tag jene Werte leben und weitergeben, die uns am Herzen liegen – das sind die Quellen, aus denen wir inneren Reichtum schöpfen können, und zwar für uns und für die Gesellschaft gleichermaßen. Wie wir gesehen haben, sorgen Dankbarkeit und das Gefühl des Erhobenseins dafür, dass wir uns besser fühlen, doch sie ermutigen uns auch, ein besserer Mensch zu werden: So beeinflussen sie sowohl unser Verhalten als auch unsere Beziehungen. Der Philosoph Edgar Morin weist immer wieder auf die Notwendigkeit hin, uns untereinander zu vernetzen und uns so selbst wiederzufinden: »Auf diese Weise erkennen wir ganz direkt, dass wir in einem Boot sitzen, wir verspüren unsere persönliche Verantwortung und engagieren uns für die gesamte Menschheit, von der wir ein winziger Teil sind – ein Kolibri eben.«[55]

Das Engagement eines Einzelnen mag angesichts der gewaltigen Herausforderungen lächerlich wirken, doch selbst die schwerfälligsten Institutionen und die größten Konzerne bestehen, Ebene für Ebene, aus Einzelpersonen, die zum Wandel fähig sind. Ab dem Moment, da die Zahl jener, die sich von dieser anderen Vision der Welt (einer kooperativeren, altruistischeren Welt) anstecken lassen, eine bestimmte kritische Masse erreicht, werden sie Teil des Wandels, und die Dimension dieses

Wandels kann ein Ausmaß erreichen, das letztlich auch unsere Kultur und unsere Institutionen beeinflusst. Es nützt nichts, die Institutionen zu verändern, wenn die dahinterstehenden Denkmodelle und damit der Geist, der sie hervorgebracht hat, die alten bleiben. Wenn wir den kollektiven Wandel auf individueller Ebene beginnen, verhindern wir, dass unsere Motivation versiegt. Wir verändern die Institutionen im Licht jener Erkenntnisse, Einsicht, Weisheit und Logik, die im Zentrum jeder individuellen Veränderung stehen. Oder wie Jon Kabat-Zinn sagt: »Die Zeit wird kommen, ja, aber nur dann, wenn wir fleißig an unserem Erwachen arbeiten.«

Humor, Freude und Leichtigkeit sind in unseren Augen unverzichtbare Ingredienzen unseres Tuns, damit wir uns nicht gar zu ernst nehmen und mit dem Leben verbunden bleiben. Es ist eine Lektion in Demut und Achtsamkeit, dass wir nur auf unser Verhalten Einfluss haben. »Die Bescheidenheit«, sagt Pierre Rabhi, »öffnet die Pforte zum Jubel.« Wie aber kann man etwas mit Ernst betreiben, ohne sich allzu ernst zu nehmen? »Wir müssen uns selbst geben, was wir brauchen, um ein freudvolles Leben zu führen.«[56]

Wenn die Menschen lernen, sich ihrer Verwundungen anzunehmen, werden sie dann vielleicht auch fähig, andere weniger zu verletzen? Denn darauf laufen die Worte von Jon Kabat-Zinn, Pierre Rabhi, Matthieu Ricard und Christophe André hinaus: Wir sind nicht voneinander getrennt. Wenn wir uns um die Natur, um andere Geschöpfe und um uns selbst kümmern, nehmen wir uns des Lebens selbst an. Und wenn wir dem Leben verbunden bleiben, haben wir das Ohr am Puls des Wandels.

Vielleicht, so Edgar Morin, vollzieht sich ja in uns eine Metamorphose, ein radikaler Wandel nach dem Vorbild der Raupe, die sich zunächst auch selbst zerstört, um dann als Schmetterling noch schöner wiederauferstehen zu können.[57] In dieser so wichtigen Etappe unserer Geschichte können wir vielleicht gleich einer Welle, die erkennt, dass sie Teil des gewaltigen Ozeans ist, eine Entscheidung treffen: unsere Aufmerksamkeit uns selbst zuzuwenden, um in uns diesen gewaltigen Raum zu entdecken, der die Welt ist.

WER UNS INSPIRIERT

Viktor Frankl (1905–1997)

Viktor Frankl, 1905 in Wien geboren, war Professor für Neurologie und Psychiatrie. 1942 wird er zusammen mit seiner Familie ins Konzentrationslager Theresienstadt deportiert. 1944 schickt man ihn nach Auschwitz, wo er ein Jahr später die Befreiung erlebt. Dort beobachtete er ein erstaunliches Faktum: Die robustesten und aktivsten Menschen waren die Ersten, die starben. Diejenigen, die auf den ersten Blick sehr viel schwächer erschienen, blieben hingegen am Leben: »Angesichts des Unfassbaren hatten die zerbrechlicheren Menschen ein Innenleben entwickelt, das Raum für Hoffnung bot und für die Frage nach dem Sinn.« Diese Prüfung, bei der sei-

ne Eltern und seine Frau ihr Leben ließen, lässt ihn eine Theorie über den Sinn des Lebens entwickeln, die er »Logotherapie« nennt.
In unseren Augen verkörpert Frankl wie kein anderer die Fähigkeit des Menschen, Prüfungen zu überstehen und sein reiches Innenleben in den Dienst anderer zu stellen.

Émile Shoufani (geb. 1947)
Émile Shoufani ist Palästinenser und in Nazareth geboren. Der Theologe und arabische Christ ist israelischer Staatsangehöriger. Einige Monate nach der Gründung Israels wird seine Familie des Landes verwiesen. Im ersten israelisch-arabischen Krieg sterben sein Großvater und sein Onkel. Émile wird von seiner Mutter erzogen, die in ihm den Geist der Vergebung weckt und ihn lehrt, sich dem Hass zu verweigern. Der Priester, den man auch den »Pfarrer von Nazareth« nennt, lehrt im Kolleg des Heiligen Joseph in Nazareth, dessen Leiter er wird. Dort beginnt er 1988 Projekte für die Erziehung zum Frieden, zur Demokratie und zur Koexistenz durchzuführen. Für ihn ist kulturelle und religiöse Vielfalt kein Hindernis für den Frieden, sondern eine Kraft, die es zu nutzen gilt. Ende 2002 initiiert er das Projekt »Friedensgedächtnis«, in dessen Rahmen er 2003 eine gemeinsame Pilgerreise von Arabern und Israelis ins Konzentrationslager Auschwitz-Birkenau organisiert. Caroline Lesire ist ihm dabei im Rahmen ihrer Studien begegnet. Im selben Jahr hat Pater Shoufani den Preis der UNESCO für Friedenserziehung erhalten.

Unsere praktischen Vorschläge

1. Urteile nicht!

»Warum teilen wir das Leben, indem wir eines als gut, das andere als schlecht einstufen? Warum schaffen wir überhaupt diesen Konflikt der Gegensätze?«, fragte Krishnamurti.

Wir sind ständig damit beschäftigt, etwas zu beurteilen. Wir kleben dem Leben Etiketten auf und stecken Menschen in Schubladen. Diese Kategorisierungen sind die Grundlage unserer Konflikte, unseres Leids, unseres mangelnden Wohlbefindens. Sie begrenzen unser Verständnis für andere und verhindern jede echte Kommunikation.

Versuchen wir doch lieber, den Personen, die uns begegnen, eine menschliche, warme Haltung entgegenzubringen und sie so zu akzeptieren, wie sie sind. Denn Probleme sind häufig Frucht von mangelndem Verständnis, Ungeschicklichkeit und Leid.

2. Sei nett zu dir selbst!

Ist es nicht vollkommen widersinnig, nach Frieden mit anderen, mit der äußeren Welt zu streben, wenn wir mit uns selbst ständig im Widerstreit sind? Milde und Nachsicht uns selbst gegenüber scheinen uns die Grundvoraussetzung für ein friedvolles Verhältnis zu anderen Menschen und der Welt. Nachsicht mit uns selbst zu haben heißt, dass wir uns selbst Mitgefühl entgegenbringen. Diese wohlwollende Haltung uns selbst gegenüber ist vor allem in schwierigen Momenten nützlich, denn es hat sich gezeigt, dass wir in Augenblicken der Anspannung häufig recht hart mit uns umspringen.

Milder und verständnisvoller mit uns selbst umzugehen, unsere Schwächen zuzulassen, erlaubt uns, voller Demut in Verbindung zu treten mit der großen Familie der Menschheit.

3. Fördere das Positive

Es gibt so viele Möglichkeiten, in unserem Leben, unseren Beziehungen positive Spiralen in Gang zu setzen. Schließlich ist es allein unsere Sache, wohin wir unseren Blick richten. Wir können uns mit Menschen beschäftigen, die mit gutem Beispiel vorangehen. Und wir können uns angewöhnen, uns regelmäßig zu bedanken und jeden Ausdruck des Danks unsererseits freudig zu empfangen.

DIE DREI SIEBE

Eines Tages kam ein Mann zu Sokrates und sagte zu ihm:

»Weißt du, was ich gerade über deinen Freund erfahren habe?«

»Halt ein«, antwortete Sokrates. »Bevor du mir darüber berichtest, möchte ich dich einer Prüfung unterziehen, den ›drei Sieben‹.« Und Sokrates fährt fort:

»Hast du überprüft, ob das, was du mir erzählen willst, wahr ist?«

»Nein, ich habe nur gehört, dass ...«

»Ist es denn etwas Gutes, was du mir über meinen Freund erzählen willst?«

»Nein, ganz im Gegenteil.«

»Ist es in irgendeiner Form von Nutzen, dass du mir sagst, was mein Freund angeblich getan hat?«

»Nein, eigentlich nicht.«

»Nun«, schloss Sokrates, »wenn das, was du mir erzählen willst, weder wahr noch gut noch nützlich ist, warum willst du es mir dann erzählen?«

SCHLUSSWORT
GENAU HIER FÄNGT ALLES AN

Die Herausforderungen, vor denen wir stehen, sind groß, andererseits beschäftigen sich viele Menschen schon damit, wie wir ihnen begegnen können. Menschen in aller Welt nehmen sich der Dinge an, engagieren sich und erfinden neue Wege des Zusammenlebens. Unser Buch will ihnen im Geist Lao Tses ein Denkmal setzen. Dieser sagt: »Es ist besser, eine Kerze anzuzünden, als die Dunkelheit zu verfluchen.«

Wir haben im Verlaufe dieses Buches eines festgestellt: Sich selbst zu ändern und die Welt zu verändern sind keineswegs Dinge, die zueinander im Widerspruch stehen. Es handelt sich vielmehr um zwei Prozesse, die sich gegenseitig befruchten und verstärken.

Christophe André sagt uns, dass nur das, was wir täglich tun, die Welt tatsächlich verändert. Damit unser Handeln frei und in sich folgerichtig ist, müssen wir lernen, jenen unbewussten Einflüssen Widerstand zu leisten, die unsere Verbindung zur Menschheit kappen.

Wenn wir uns, wie Jon Kabat-Zinn dies lehrt, in Achtsamkeit und Gewahrsein üben, lernen wir, jene Offenheit und Freiheit heranreifen zu lassen, die uns nicht nur in schwierigen Momenten des Lebens hilft, sondern uns auch öffnet für die Schönheit der Welt. Diese Sammlung nach innen stößt das Tor auf zu unseren inneren Heilkräften, zu den Ressourcen von Mitgefühl und Einfühlungsvermögen, von liebevoller Hinwendung zu anderen und Kooperation.

Matthieu Ricard erinnert uns, dass der Mensch für das Zusammenleben gemacht ist, von der Geburt bis zum Tod. Wir brauchen liebende Güte als Gebende und Empfangende. Im Zentrum dieser Revolution des Bewusstseins stehen Liebe und Altruismus.

Und Pierre Rabhi lenkt unsere Aufmerksamkeit darauf, dass wir ein Bewusstsein erzeugen müssen, das sich über die Notwendigkeit, die Erde zu lieben und zu schützen, im Klaren ist. Wir müssen lernen, unserer wahren Berufung zu folgen, die nicht Produktion und Konsum ist, sondern Liebe, Bewunderung und die Achtung vor dem Leben in all seinen Formen.

Schon im 14. Jahrhundert benannte der Philosoph Longchenpa[58] drei Geistesgifte, die auch heute nichts von ihrer Macht eingebüßt zu haben scheinen: Gier und Begehrlichkeit – Auslöser unseres ungezügelten Konsums; Hass – der uns auf Ungerechtigkeit mit Gewalt reagieren lässt; und Unwissenheit – die uns vorgaukelt, wir seien von anderen getrennt.

DIE LEGENDE VON DEN GROSSEN LÖFFELN

Ein Wanderer durchmaß die Welt, und nachdem er fast alle ihm bekannten Gegenden besucht hatte, kam er an eine Weggabelung, die ihm fremd war.

Er hielt sich rechter Hand. Der Weg führte ihn direkt an ein Tor, das keine Aufschrift trug. Als er näher kam, hörte er schreckliche Schreie und herzzerreißende Seufzer. Er öffnete das Tor und schritt hindurch. Dahinter fand er einen großen Raum, der für ein Fest hergerichtet war. In der Mitte prangte eine riesige Tafel, auf der Leckereien aufgetischt waren, deren Aussehen und Duft unserem Wanderer sofort das Wasser im Mund zusammenlaufen ließen. Doch die Menschen, die an der Tafel Platz genommen hatten, jammerten vor Hunger: Die Löffel, die doppelt so lang waren wie ihre Arme, waren an ihren Händen befestigt, und zwar so, dass sie sie nicht zum Mund führen konnten und daher Hunger leiden mussten.

Entsetzt zog sich unser Wanderer zurück, ging zurück bis zur Weggabelung und nahm den Weg zur Linken. Und wieder kam er an eine Pforte, die genauso aussah wie die vorherige, doch dieses Mal erschallte dahinter fröhliches Lachen. Er öffnete das Tor und sah, dass man den Tafelnden auch hier viel zu lange Löffel, die sie nicht zum Mund führen konnten, an die Hände gebunden hatte, wie in jenem anderen Saal. Eines aber war anders: Die Menschen hier versuchten nicht verzweifelt, den Löffel an den eigenen Mund zu führen. Sie fütterten damit jene, die gegenüber saßen.

Jede unserer Entscheidungen im Alltag zählt, da sie die Welt verändert.

Als Gegenmittel gegen diese Gifte schlagen unsere vier Autoren eine Haltung der glücklichen Genügsamkeit vor, die Übung im vollkommenen Gewahrsein und ein Leben aus der Kraft von Liebe und Mitgefühl. Jeder streicht unsere Fähigkeit der Empathie heraus und unsere Gabe des Staunens. Jeder weist darauf hin, wie schön diese Bande sind, die uns mit anderen verbinden und mit etwas, das größer ist als wir selbst.

Nun sind wir am Ende unseres Buches angekommen – dort, wo alles beginnt! Denn in einer Welt zunehmender Komplexität läuft am Ende doch alles auf unsere persönliche Verantwortung hinaus. Auf das, was wir, jeder für sich, in unserem Leben verändern können, um zum Entstehen einer neuen Welt beitragen zu können. Wenn wir in Verbindung treten zu uns selbst, durch Meditation zum Beispiel, schaffen wir einen Raum der Offenheit und Freiheit, in dem unsere Gabe der Selbstheilung heranwachsen kann und wir Zugang erhalten zu den enormen Ressourcen in uns: Mitgefühl, Einfühlungsvermögen, Altruismus und der Fähigkeit zur Zusammenarbeit.

Diese andere Welt entsteht in kleinen Schritten durch das tatkräftige Engagement ganz normaler Menschen. Wie das gehen kann, lesen Sie auf den folgenden Seiten:

durch andere Ernährung, andere Formen des Wohnens, andere Informationspolitik, andere Erziehung, anderen Konsum, Umweltschutz, Engagement für andere und vor allem: durch ein verfeinertes Gespür für uns selbst und unsere Gefühle, damit wir ein Leben aus der achtsamen Bewusstheit heraus führen können.

Jede einzelne der Möglichkeiten, die wir hier vorstellen, zählt. Sie kann die Welt verändern. Denn aus einem winzigen Rinnsal entsteht ein Bach, aus dem Bach ein Fluss und die Flüsse fließen am Ende alle ins Meer.

»Wir sollten diese kleinen, persönlichen Entscheidungen nicht unterbewerten. Sie sind alles andere als bedeutungslos, denn alle zusammen schaffen schließlich jene Welt, die wir uns mittlerweile in immer größerer Zahl erhoffen.«

PIERRE RABHI

ANHANG

Danksagung

Dank gebührt all jenen, ohne die dieses Buch nie entstanden wäre: Jean-Gérard Bloch, Caroline Bourret, Pascale Chrétien, Alain Deluze, Olivier de Lathouwer, Martine Dory, Rhéa d'Almeida, Patrick Guilmot, Geneviève Hamelet, Luc-Michel Hendrick, Marie Lesire, Yen Le Van, Thierry Plompen, Clément Tisseuil, Gina Van Hoof und Olivier Vin.

Danke an die Fotografin Annie Griffiths, die uns das Bild überlassen hat, das diesem Buch vorangeht.

Danke an Catherine Meyer, Sophie de Sibry, Sara Deux und Jean-Baptiste Noailhat von der Édition de L'Iconoclaste. Sie haben an dieses Projekt geglaubt und es mit Achtsamkeit, Sorgfalt und Liebe begleitet.

Und ein großes Dankeschön schließlich an all jene, die uns durch ihre innere Haltung und ihr Tun inspirieren und dazu beitragen, dass eine bessere Welt entsteht.

Projekte, die die Welt bewegen

Die Welt verändern, das geht nur, indem wir uns engagieren – als aktive, verantwortungsbewusste und solidarisch denkende Bürger. Dann kann jeder von uns zum Hoffnungsträger werden. In diesem Fall handeln wir so, dass unser Tun zu einem globalen Wandel führt.

Welche Möglichkeiten haben wir nun, um aktiv zu werden?***

DIE KOLIBRI-BEWEGUNG

95, Rue du Faubourg Saint-Antoine, 75 011 Paris
www.colibris-lemouvement.org
info@colibris.lemouvement.org

Colibris wurde 2007 auf Anregung von Pierre Rabhi gegründet und besteht aus etwa 70 000 Bürgern und zwanzig Ortsvereinen, die sich zusammen für eine neue Gesellschaft engagieren wollen. Im Zentrum stehen drei Leitideen:

Inspirieren: Um neue Wege in die Zukunft aufzuzeigen, wurde beim Verlag Actes Sud eine Buchreihe aufgelegt: *Domaine du Possible*. Auch ein Magazin gibt es: *Kaizen – changer le monde pas à pas*. Ziel ist es, die Menschen für bestimmte Probleme zu sensibilisieren

*** Anmerkung des deutschen Verlags: Neben der von Pierre Rabhi gegründeten Kolibri-Bewegung haben wir uns bemüht, im Folgenden vor allem auf Initiativen im deutschsprachigen Raum hinzuweisen.

und sie so zu zivilgesellschaftlichem Engagement anzuregen.

Gemeinsames Schaffen: Um Bürger, Unternehmer und Politiker gleichermaßen anzusprechen, veranstaltet Colibris örtlich Informationsveranstaltungen und lädt zu Diskussionsforen ein: Bei diesen kreativen Veranstaltungen tauschen sich viele Menschen über die Themen aus, die ihnen am Herzen liegen und versuchen, gemeinsam Aktionen für eine bessere Umwelt an ihrem Wohnort zu entwickeln.

Erhalten: Um solche Aktionen zu unterstützen, stellt Colibris praktische Hilfsmittel ebenso zur Verfügung wie Know-how auf den verschiedensten Gebieten: Landwirtschaft, Energie, Heimat, Bildung …

Colibris fühlt sich den von Pierre Rabhi entwickelten Ideen verpflichtet und arbeitet mit den von ihm inspirierten Organisationen zusammen: Terre & Humanisme, Hameau des Buis / La ferme des enfants, Les Amanins / L'école du Colibri, Oasis en Tous Lieux, Fonds de dotation Pierre Rabhi.

Jede dieser Organisationen arbeitet selbstständig und entwickelt auf ihrem Gebiet sinnvolle Aktionen. Das Ziel bleibt jedoch immer dasselbe: eine Politik der kleinen Schritte, um neuen Modellen gesellschaftlichen Zusammenlebens den Weg zu bahnen.

1. Sich anders ernähren

Was heißt es, sich »anders« zu ernähren? Wie sollte man sich heute überhaupt ernähren?

Wir können unsere Art der Ernährung überdenken und uns auf anderen Wegen versorgen: kürzere Transportwege, mehr biologische Landwirtschaft, Gemüse und Früchte der Saison, einen eigenen Gemüsegarten anlegen, den eigenen Fleischkonsum einschränken.

Des Weiteren können wir uns für gentechnikfreie Saaten einsetzen und dafür, dass gerade in armen Ländern traditionelles Saatgut bewahrt wird, auf das es keine Patente gibt. Für diese Art von ökologischem Denken setzt sich in Frankreich die Agro-Ökologie ein, eine Bewegung, die im Wesentlichen von Pierre Rabhi angestoßen wurde. In Deutschland hat die grüne Bewegung politische Gestalt angenommen und umfasst ein breiteres Spektrum als die reine landwirtschaftliche Ökologie. Dementsprechend groß ist die Zahl der Anlaufstellen für Menschen, die sich »grün« engagieren wollen. Im Folgenden seien daher nur einige wenige Beispiele genannt.

TERRE & HUMANISME PESI
(PRATIQUES ÉCOLOGIQUES ET SOLIDARITÉ INTERNATIONALE)
Mas de Beaulieu 0720 Lablachère
Tel: 033/4/7536 6401
www.terre-humanisme.org
infos@terre-humanisme.org

Die Organisation *Terre & Humanisme* wurde 1994 unter dem Namen *Amis de Pierre Rabhi* gegründet. Sie hat sich die Verbreitung der Agro-Ökologie auf die Fahnen geschrieben, um das Miteinander der Menschen und ihren Umgang mit der Erde zu verbessern. Durch Kurse und beratende Tätigkeit ihrer Mitglieder wird die Öffentlichkeit für dieses Thema sensibilisiert. Dies ermöglicht die Regeneration unserer Anbau- und Wildflächen, autonome Saatgutproduktion und eine sichere und der Gesundheit nicht abträgliche Nahrungsmittelkette.

GUERILLA GARDENING

Die Bewegung will die Natur in unsere Städte zurückbringen, um die Bürger darauf aufmerksam zu machen, dass es in jeder Stadt zahlreiche Brachen gibt, die dem Nutzen durch die Bürger zugeführt werden können. So wird der urbane Raum für das Gemeinwesen zurückerobert und verschönert, um die Lebensqualität aller zu steigern. Mehr darüber (mit Links zu einzelnen Projekten, wie zum Beispiel »Stadtacker«) finden Sie auf: http://de.wikipedia.org/wiki/Guerilla_Gardening oder bei der Internetrecherche zum Stichpunkt »Guerilla-Gärtnern« in Ihrer eigenen Stadt.

2. Anders wohnen

Im Jahr 2050 werden 70 Prozent der Weltbevölkerung in Städten leben. Doch diese fortschreitende Urbanisierung bringt Probleme mit sich: Umweltverschmutzung (80 Prozent der globalen Kohlendioxidemissionen werden in den Städten erzeugt), Energieverbrauch (die Städte sind für mehr als 75 Prozent des weltweiten Energiebedarfs verantwortlich), Raumnutzung und die Frage nach einem gedeihlichen Zusammenleben. So gibt es immer mehr Bürger, die sich über neue Formen des Zusammenlebens Gedanken machen: energiesparende Haustechnik, genossenschaftliches Wohnen, Ökodörfer, Senioren-WGs etc.

Über *genossenschaftliches Wohnen* können Sie sich auf der Webseite des Bundesministeriums für Verkehr und digitale Infrastruktur informieren. Wohnungsbaugenossenschaften gibt es in fast jeder Stadt.

▶ http://www.bmvi.de/DE/BauenUndWohnen/Wohnungswirtschaft/GenossenschaftlichWohnen/genossenschaftlich-wohnen_node.html

ÖKODÖRFER / ÖKOSIEDLUNGEN

Das Netzwerk der Ökodörfer sammelt Informationen über solche Gemeinschaften in ganz Europa. Im Ökodorf wird solidarisches und ökologisches Wohnen praktiziert, das auf den Prinzipien der Teilung, des gegenseitigen Respekts und der Ressourcenschonung beruht. Das Forum der Ökodörfer finden Sie auf:

▶ http://www.ecovillages.eu/

Das Ökodorf Siebenlinden ist ein derartiges wegweisendes Gemeinschaftsprojekt.

▶ http://www.siebenlinden.de/

3. Sich anders informieren

Obwohl kritischer Journalismus in Deutschland ein Verfassungsauftrag ist, sorgt der enorme Zeit- und Finanzdruck frei arbeitender Journalisten dafür, dass dieser nicht immer gewährleistet ist. Gerade zum Thema Ökologie gibt es in den letzten Jahren einige interessante Magazine, die sich vor allem der Verbraucherinformation verschrieben haben. Dazu gehört zum Beispiel die Zeitschrift

- Ökotest – http://www.oekotest.de/
- StiftungWarentest– http://www.test.de/
- Finanztest–http://www.finanztest.de/

Für die Re-Integration von Obdachlosen setzen sich in jüngster Zeit zunehmend auch Straßenmagazine ein, die ein breites Spektrum an Information über soziale Belange bieten. Das Münchner Magazin BISS gehört zu den ersten seiner Art. Über Straßenmagazine im Allgemeinen können Sie sich im Internet informieren

- http://de.wikipedia.org/wiki/Straßenzeitung.

Dort finden Sie auch zahlreiche Links zu anderen Magazinen.

Informationen zum Thema »Sozial verträgliches Wirtschaften« finden Sie im Magazin *Enorm*, das sich ganz dem nachhaltigen, sozialen Aspekt der Wirtschaft widmet:

- http://www.enorm-magazin.de/

4. Anders erziehen

Die Frage nach den ethischen Grundlagen der Erziehung ist ein wichtiges Thema, wenn es um die Umwandlung der Gesellschaft geht. Wir müssen unser Bild von Erziehung verändern und dem Kind mit jenem Respekt begegnen, der ihm zusteht. Dabei helfen wir ihm, ein solides Wertesystem zu entwickeln, damit es sich unter den Menschen und auf der Welt entfalten kann.

Dabei sollte auch die Vermittlung ökologischer und sozialer Werte sowie die Erziehung zu einem Leben in Achtsamkeit und Gewahrsein eine Rolle spielen. Zahlreiche Umweltorganisationen bieten mittlerweile kurzweilige Freizeitveranstaltungen für Kinder an.

UMWELTERZIEHUNG

Im *Otterzentrum Hankensbüttel*, einem Naturerlebniszentrum am Isenburger See, werden die Kinder mit der heimischen Flora und Fauna bekannt gemacht.

▶ www.otterzentrum.de
Sudendorfallee 1
29 386 Hankensbüttel

Die *Stiftung für Bären* bringt Kindern in ihren Bärenparks in Worbis und im Schwarzwald das Leben von Bären und Wölfen in freier Natur näher.

▶ www.baerenpark.de

Die Bertelsmann-Stiftung »Lebendige Schule in einer lebendigen Stadt« bemüht sich um die Entwicklung des Schulwesens als Bereich kommunaler Entwicklung. Ziel des Think Tanks ist es, die Akteure der Bildungslandschaft besser zu vernetzen, um das gemeinschaftliche Handeln zu fördern.

- http://www.bertelsmann-stiftung.de/cps/rde/xchg/SID-18B22E78-43FF6075/bst/hs.xsl/7808.htm

Es gibt mittlerweile immer mehr Programme zur Nutzung der Achtsamkeitsmeditation in den Schulen. Dies hat zum Ziel, den Kindern eine sinnvolle Lenkung der eigenen Aufmerksamkeit zu ermöglichen und damit einen besseren Zugang zur Welt.

- www.mindfulschools.org
- www.mindfulnessinschools.org
- www.academyformindfulteaching.fr

Für den deutschsprachigen Bereich finden Sie Informationen auf dem Portal für achtsame Kommunikation:

- http://www.institut-achtsame-kommunikation.de/informationen-zu-achtsamkeit/achtsamkeit-fuer-paedagogen.html

5. Anders konsumieren

VERWERTUNG WEGGEWORFENER LEBENSMITTEL

In Deutschland wandern Jahr für Jahr 6,7 Millionen Tonnen Lebensmittel in den Abfall. Gerade Supermärkte entsorgen häufig Lebensmittel, die noch verwendbar sind, auch wenn das Mindesthaltbarkeitsdatum überschritten ist. Genaueres darüber und Möglichkeiten, dem entgegenzuwirken, finden Sie auf:

▶ http://www.oeko-fair.de/verantwortlich-handeln/lebensmittelverschwendung/linktipps2

Viele Supermärkte stiften ihre abgelaufenen Lebensmittel auch der Tafel-Bewegung, die diese dann an bedürftige Menschen weiterleitet. In Deutschland existieren im Augenblick etwa 900 »Tafeln«, die regional organisiert sind. Ob es in Ihrer Stadt etwas Ähnliches gibt, erfahren Sie beim Bundesverband Deutsche Tafel e.V.:

▶ http://www.tafel.de/

Eine weitere Bewegung zur Verwertung weggeworfener Lebensmittel ist die »Schnippel-Disko«: Dabei wird nicht weiter verwertetes Gemüse von Bio-Bauern und Wochenmärkten zu leckeren Mahlzeiten verarbeitet, zu denen man bekannte und unbekannte Besucher einlädt. Die Einladung finden Sie auf der Facebook-Seite der Schnippler:

▶ https://de-de.facebook.com/events/197544437007690

6. Ein anderes Verhältnis zu Geld entwickeln

Ob Geld tatsächlich die einzige Währung eines Landes sein muss, ist eine Frage, die sich mittlerweile immer mehr Menschen im Rahmen der Bewegung »Regio-Geld« stellen. Regionalwährungen gibt es in einigen Teilen Deutschlands, ihr Sinn ist es, Menschen Dienstleistungen zur Verfügung zu stellen, auch wenn sie kein Geld haben, um diese zu bezahlen. In dieselbe Richtung gehen die zahlreichen Tauschbörsen und Gebrauchtwarenhäuser in den einzelnen Kommunen.

Mehr Information mit Links auf entsprechende Webseiten finden Sie auf:

- http://de.wikipedia.org/wiki/Regionalwährung

Ein gutes Buch zum Thema, in dem verschiedene deutsche Regionalwährungen vorgestellt werden, ist:

- Margrit Kennedy, Bernhard Lietar, *Regionalwährungen*, München 2004.

EMMAUS

Die Emmaus-Bewegung gibt es seit 1949. Heute ist sie in 36 Ländern tätig und hat mehr als 300 Gruppen in aller Welt. Sie kämpft gegen Armut und Ausgrenzung und orientiert sich an den Worten von Abbé Pierre: »Ich kann dir nicht helfen, ich habe dir nichts zu geben. Aber du kannst mir helfen, den anderen beizustehen.«

- http://www.emmaus-international.org

7. Bürgerschaftliches Engagement

Mittlerweile gibt es zahlreiche Initiativen, die sich dafür einsetzen, dass das Leben lebenswert wird und bleibt. Immer mehr ehrenamtliche und freiwillige Helfer tun sich in verschiedenen Organisationsformen (Verein, Bürgerinitiative) zusammen, um ihren Wünschen entsprechend anderen zu helfen.

Eine der Organisationsplattformen im Internet ist

- http://www.engagiert-in-deutschland.de.

Dort finden Sie Möglichkeiten, sich nach Ihren zeitlichen Vorstellungen einzubringen. »Zeitspenden« werden gesucht und organisiert auf

- http://www.betterplace.org/de

Ähnliche Initiativen existieren in vielen deutschen Städten. So kann man sich bei *Heute eine gute Tat* für Hilfsleistungen aller Art im Internet anmelden und dabei wohnortbezogen vorgehen:

- http://www.gutetat.de/

8. Umweltschutz

Im Umwelt- und Naturschutz finden sich heute zahlreiche Möglichkeiten, um aktiv zu werden. Der BUND Naturschutz *(Friends of the Earth Germany)* koordiniert und lenkt freiwilliges Engagement zum Thema, zum Beispiel durch ein freiwilliges Ökologisches Jahr oder den Bundesfreiwilligendienst.

Möglichkeiten dazu finden Sie im Internet auf:

- http://www.bund.net/aktiv_werden/im_bund_engagieren/

9. Anders wirtschaften

Das Forum *Nachhaltig Wirtschaften* bemüht sich um die Vernetzung von Gruppen, denen ein sozial verantwortliches und nachhaltiges Handeln der Wirtschaft am Herzen liegt.

Informationen darüber finden Sie auf

▶ http://www.nachhaltigwirtschaften.net

Ähnlich orientiert ist die französische Organisation *ORSE* (Observatoire de la Responsabilité Sociétale des Entreprises).

Sie wurde in den Sechzigerjahren gegründet und hat sich zur Aufgabe gemacht, auf die Zusammenhänge zwischen sozialen Belangen, Umwelt- und Wirtschaftsfragen in Unternehmen, Organisationen und öffentlichen Institutionen hinzuweisen.

▶ http://www.orse.org

10. Sich mit der Achtsamkeitspraxis vertraut machen

Wenn Sie sich für die Praxis der Achtsamkeit in der von Jon Kabat-Zinn vorgestellten Weise interessieren, finden Sie ausgebildete Kursleiter über den MBSR-Verband.

▶ http://www.mbsr-verband.de/

Eine ausführliche Literaturliste finden Sie unter

▶ www.mbsr-verband.de/information/literatur.html

Achtsamkeitspraxis im Alltag ist ein Schwerpunkt in dem vom vietnamesischen Zen-Meister Thich Nhat Hanh gegründeten Zentrum *Europäisches Institut für Angewandten Buddhismus* in Waldbröl in der Nähe von Köln.

▶ http://eiab.eu/

Die Association Émergences

Das Autorenhonorar für dieses Buch fließt an Projekte, die von der Association Émergences gefördert werden. Diese wurde rund um den jährlich in Brüssel stattfindenden *Journée Émergences* gegründet, ein Forum, das vordringlich drei Ziele verfolgt: Die Weisen unserer Zeit (Philosophen, Psychologen, Naturwissenschaftler etc.) zu einem Dialog über bestimmte Themen zusammenzubringen. Nämlich jene Ideen, die die Gründer begeistern und motivieren, sie mit einer möglichst großen Anzahl Menschen zu teilen, damit sie zum Drehmoment des Wandels werden. Um diesen Zweck zu erreichen, wollen die Begründer zum einen ihre Ideen möglichst vielen Menschen verfügbar machen: Eltern, Lehrern, Erziehern, Hilfsorganisationen und Weltbürgern. Zum anderen sollen die hierdurch erzielten Gewinne dazu verwendet werden, die Lebensbedingungen anderer Menschen zu verbessern (ihnen zum Beispiel Zugang zu medizinischer Versorgung und Bildung zu verschaffen). Seit mehreren Jahren organisiert

Émergences auch andere Aktivitäten, zum Beispiel Einführung in die Achtsamkeitsmeditation.

▶ www.emergences.org

Projekte, die von Émergences unterstützt werden

Die *Association Émergences* unterstützt regelmäßig die Projekte von drei verschiedenen Organisationen.

KARUNA-SHECHEN

▶ www.karuna-shechen.org

Diese gemeinnützige Organisation wurde im Jahr 2000 von Matthieu Ricard gegründet. Sie arbeitet mit einem ganzen Netzwerk lokaler Partner und mit Freiwilligen zusammen, um der verarmten Bevölkerung in Indien, Nepal und Tibet Bildung, medizinische Versorgung und soziale Dienste anzubieten. Sie fühlt sich dem Ideal des tätigen Mitgefühls (das Sanskritwort *karuna* bedeutet »Mitgefühl«) verpflichtet. Die Grundidee von *Karuna-Shechen* ist es, dass alle Menschen gleichermaßen ein Recht auf Bildung und medizinische Versorgung haben. Um dies sicherzustellen, entwickelt man dort Programme, die auf die Erfordernisse und das kulturelle Erbe der einzelnen Regionen abgestellt sind. Besonderes Augenmerk liegt dabei auf der Bildung von Frauen und Mädchen, damit sie ein selbstständiges Leben führen können. Seit seiner Gründung hat *Karuna-Shechen* mehr als 110 humanitäre Projekte in Indien,

Nepal und Tibet auf die Beine gestellt. Fünfzehn Jahre Erfahrung haben dazu geführt, dass ein dichtes Netzwerk an Helfern vor Ort und aus dem Ausland zur Verfügung steht. Die Helfer vor Ort wurden teilweise von *Karuna Shechen* ausgebildet.

Birat Lama ist einer der Schüler der Bambusschule im nepalesischen Pokhara. Er erzählt hier seine Geschichte:

Ich bin in Pokhara in Nepal geboren. In meiner Familie sind wir fünf und daher sehr arm. Mein Vater wurde bei einem Arbeitsunfall schwer verletzt und ist jetzt behindert. Er hat danach weitergearbeitet, doch das Geld, das er verdient hat, reichte nicht für die Schule. Unsere Familie hat eine schwere Zeit hinter sich. Da fragte mich eines Tages jemand, was ich für Träume hätte. Ich habe nichts gesagt. Meine Träume hat die Armut mit sich fortgerissen. Da haben wir gehört, dass in unserer Stadt eine neue Schule gebaut werden sollte, mit niedrigeren Schulgebühren, die meine Familie sich leisten konnte. Das war wirklich eine gute Nachricht. Meine Brüder, meine Schwestern und ich haben uns sofort dort eingeschrieben. Damit hat sich für mich alles verändert. Jetzt kann ich wieder träumen. Ich möchte gern Sozialreformer werden, um in unserem Land den Bildungssektor grundlegend zu verändern.

DAS SAMUSOCIAL IN BRÜSSEL

▶ www.samusocial.be

Das *Samusocial* ist ein Notfallprogramm für obdachlose Menschen in Brüssel. Dort finden die Menschen nicht nur Unterschlupf. Es gibt auch eine »Notfall-Brigade«, die in der Stadt nach Leuten sucht, die selbst nicht mehr um Hilfe bitten können. Das *Samusocial* kümmert sich dabei um die sozialen Belange, das *Samu médical* um die medizinischen. Da geht es zunächst um einen Platz zum Schlafen und eine warme Mahlzeit. Daneben durchstreift ein Team von Ärzten und Krankenschwestern die Stadt, um die schwächsten Mitglieder der Gesellschaft medizinisch zu versorgen. Wer möchte, kann sich auch psychologisch und sozial beraten lassen, wie er aus der Obdachlosigkeit wieder herauskommen kann. Alle Dienstleistungen des *Samusocial* sind kostenlos und an keinerlei Bedingungen geknüpft.

2012 haben 7309 Personen mehr als 127 000-mal das Nachtquartier in Anspruch genommen, 254 500 Mahlzeiten wurden ausgeteilt. Die mobilen Hilfseinheiten haben in 7017 Fällen eingegriffen. Die psychologische und soziale Beratung zum Umstieg wurde 1051-mal in Anspruch genommen.

Philomène ist Mutter von vier Kindern und Opfer extremer ehelicher Gewalt durch ihren Ehemann. Die Polizei musste schließlich eingreifen. Aus Sicherheitsgründen wurde die Familie in eine der Unterkünfte des *Samusocial* geschickt. Die soziale Beratung suchte für Philomène einen Anwalt, um die vorläufige Trennung von ihrem Mann und das Sorgerecht für die Kinder sicherzustellen. Beim Centre public d'aide sociale in Brüssel wurde ein Antrag auf Hilfe zum Lebensunterhalt und soziale Unterstützung gestellt. Für die Kleinste suchte das *Samusocial* einen neuen Platz in der Kinderkrippe, für die drei älteren Kinder an der Schule. Jeder Kontakt zwischen dem gewalttätigen Ehemann und seiner Familie sollte vermieden werden. Nach einem Monat in der Unterkunft des *Samusocial* konnte Philomène eine Sozialwohnung beziehen. Heute arbeitet sie als Raumpflegerin in einem Krankenhaus. Ein neues Leben hat begonnen, für sie und ihre Kinder …

LES ENFANTS DE LA RUE – BRÉSIL (BRASILIEN)

▶ http://users.skynet.be/enfantsruebresil/news.html

Les enfants de la rue arbeitet seit zwanzig Jahren im Nordosten Brasiliens und setzt sich dafür ein, den benachteiligten Kindern in den Favelas von Recife und Olinda neue Hoffnung zu geben. Damit sie von der Straße geholt werden, damit sie die meist tödliche Begegnung mit der Droge Crack gar nicht erst machen, damit sie nicht unter den Kugeln der Todesschwadronen sterben und vor allem, damit sie eine Möglichkeit haben, sich erneut in die Zivilgesellschaft einzugliedern und aktive, kritische Bürger werden, um Brasilien wieder zu dem zu machen, was es nie hätte aufhören dürfen zu sein. Ein Land der Hoffnung für alle Menschen. Diese unglaubliche Herausforderung zu meistern ist nur möglich, weil die Organisation Partner vor Ort hat,

Die mobilen Einheiten des Samusocial unterstützen Menschen, die sich ein neues Leben aufbauen wollen, und helfen ihnen, neue Brücken zu schlagen zwischen sich und der Welt.

die den Kindern eine Zukunft ermöglichen. Sie nehmen sie auf in kleine Gemeinschaften, wo die Kinder ihre Würde wiederfinden und verantwortungsbewusste Bürger werden können.

Diego ist neun Jahre alt, darf aber nicht mehr zur Schule gehen: Er hat seine Lehrerin mit einer Schere am Arm verletzt. Diese hatte ihn einfach nur berührt, doch dieses Kind, das in seinem Leben keinerlei Zärtlichkeit erfahren hatte, erlebte jeden Körperkontakt als Angriff. Heute hat Diego keine Schwierigkeiten mehr, Berührung zu akzeptieren. Er ist sogar ein besonders anhängliches Kind. Nun müssen wir nur noch die Lehrerin überzeugen, ihn wieder aufzunehmen …

DIE STIFTUNG PIERRE RABHI

Der »Fonds de Dotation« wurde im April 2013 gegründet und hat sich zur Aufgabe gestellt, die Ideen von Pierre Rabhi zu verbreiten. Dabei geht es vor allem um die Strategien der Agro-Ökologie, um Techniken, die den Bauern ein autonomes Wirtschaften ermöglichen und sie dazu in die Lage versetzen, gesunde, sichere Lebensmittel zu produzieren. Gleichzeitig unterstützt er die *Oasis en Tous Lieux*, die das Prinzip des solidarischen, ökologischen und generationengerechten Lebens und Wirtschaftens in aller Welt verbreiten – und damit alle Methoden, die den Menschen und die Natur wieder in den Mittelpunkt des Handelns rücken. Pierre Rabhi hat noch weitere Projekte gegründet, die sich bereits gut entwickeln: das Netz der »Samenfrauen« *(Femmes Semencières)*, der Agro-Ökologen ohne Grenzen (*Agroécologistes sans frontières*) und eine Schule für Agro-Ökologie in Marokko.

Über die Autoren

Christophe André

»Christophe André ist ein Arzt humanistischer Prägung, ein Psychiater, der seine Patienten liebt, und das ist selten. Ihm geht es vor allem darum, ihnen zu helfen, statt selbst brillieren und seine Theorien bestätigen zu wollen.«
ANDRÉ COMTE-SPONVILLE

Christophe André stammt aus Toulouse, hat sich aber ganz gut in Paris eingelebt. Er ist verheiratet und Vater von drei Kindern. Als Psychiater und Psychotherapeut ist er am Hôpital Saint Anne tätig und kümmert sich dort vor allem um Patienten, die unter Angststörungen und Phobien leiden. Mit den Methoden der Achtsamkeitsmeditation hilft er seinen Patienten, Rückfälle in die Depression zu vermeiden. Außerdem lehrt er an der Universität Paris-X. Er hat zahlreiche wissenschaftliche

Werke und Artikel verfasst, schreibt aber auch schöne Bücher für ein breiteres Publikum.

KLEINE BIBLIOGRAFIE

- *Die Launen der Seele*, Berlin 2012. Ein Geschenk und eines der persönlichsten Bücher von Christophe André. Er beschreibt darin, wie wir besser mit unseren Seelenzuständen umgehen können, und zieht dazu neueste wissenschaftliche Erkenntnisse ebenso heran wie die Weisheit der Dichter.

- *Unvollkommen, glücklich und frei*, Ostfildern 2011. Hier stellt Christophe André Geschichten, Fallstudien und Anekdoten vor, die uns helfen, uns selbst zu lieben und uns vom Blick der anderen zu befreien.

- *Die schöne Kunst des Innehaltens*, München 2012. Eine visuelle Wundertüte, die Augen, Herz und Geist erfreut. In 25 Bildern zeigt Christophe André auf ebenso poetische wie simple und praktische Weise, wie die Achtsamkeitsmeditation aufgebaut ist: Achtsamkeit auf die Atmung, den Körper, sich akzeptieren und lieben …

Jon Kabat-Zinn

»Jon Kabat-Zinn ist ein Mensch voller Weisheit, Demut und Einfachheit, der alles in uns freisetzt, was gut ist.«
DANIEL GOLEMAN

Der Visionär und Pionier Jon Kabat-Zinn ist weltweit bekannt für seine Forschungsarbeit und seine Bücher. Er ist Doktor der Molekularbiologie und emeritierter Professor der Medizin an der Universität von Massachusetts. Dort hat er die Klinik für Stressreduktion gegründet und das Zentrum für Achtsamkeitsmeditation in der Medizin. An diesen beiden Instituten hat er die Methode der Achtsamkeitsbasierten Stressbewältigung (Mindfulness-based Stress Reduction oder MBSR) entwickelt. Dank seines Engagements ist die Achtsamkeitsmeditation mittlerweile auf der ganzen Welt bekannt, unter seinen Ärztekollegen ebenso wie in Unternehmen, Schulen und Gefängnissen.

KLEINE BIBLIOGRAFIE

- *Im Alltag Ruhe finden,* Frankfurt a. M. 1997. Ein poetisches Buch voll tiefer Einsichten, in dem Jon Kabat-Zinn zeigt, wie wir schon mit kleinen Augenblicken der Meditation den Weg der Achtsamkeit beschreiten können, um mehr Bewusstheit in den Alltag zu bringen.

- *Gesund und stressfrei durch Meditation,* München 2013. Dieses Pionierwerk stellt die MBSR vor, ein achtwöchiges Programm zur Stressbewältigung mithilfe der Achtsamkeitsmeditation. Untermauert durch Forschungsergebnisse stellt der Autor die von ihm entwickelte Methode vor und zeigt, wie wir sie im Alltag praktisch einsetzen können.

- *Mit Kindern wachsen*, Freiamt 1999. Voller Weisheit, Demut und pragmatischem Verständnis teilen Jon Kabat-Zinn und seine Frau Myla hier mit uns ihre Erfahrung als Eltern, um uns zu zeigen, wie man das kluge Instrument der Achtsamkeit in der Erziehung anwenden kann. Eine wunderbare Einführung ins achtsame Elterndasein.

Pierre Rabhi

»Pierre Rabhi hat mit seiner Hände Arbeit die Wüste fruchtbar gemacht … Er ist ein Heiliger mit einem ebenso einfachen, klaren Geist. Erst die poetische Schönheit seiner Sprache enthüllt seine tiefgehende innere Leidenschaft. Er hat mit seinem Schweiß den Wüstensand getränkt, um das Netz des Lebens wiederherzustellen, das wir so oft zerreißen.«

YEHUDI MENUHIN

Der Landwirt, Schriftsteller und Denker Pierre Rabhi ist Franzose algerischer Abstammung. Seit seiner Kindheit stört ihn der Zustand unserer Welt. Diese konstruktive Empörung hat er zu einer starken Kraft umgemünzt, mit der er unermüdlich darauf hinweist, dass ein anderes Verhalten, andere Entscheidungen möglich sind.

Der Pionier des biologischen Landbaus tritt ein für eine Gesellschaft, die Mensch und Erde mehr Wertschätzung entgegenbringt. Er hat landwirtschaftliche Methoden entwickelt, die allen zur Verfügung stehen, vor allem den Ärmsten der Armen, die so ihren größten Reichtum, ihr Saatgut, vor dem Zugriff der Multis schützen können. Er ist Experte, was die Sicherung der Nahrungsmittelkette angeht, und wurde in dieser Eigenschaft auch von den Vereinten Nationen im Rahmen der Ausarbeitung der Konvention zur Bekämpfung der Desertifikation der Erde zu Rate gezogen.

KLEINE BIBLIOGRAFIE

- *Vers la sobriéte heureuse*, Arles 2010. In diesem Buch legt Pierre Rabhi Zeugnis ab von seinem Leben und inspiriert uns so, darüber nachzudenken, was wir in einer Konsum- und Ausbeutungsgesellschaft tatsächlich brauchen. Ein Buch, das zu weiterem Engagement anregt.

- *Manifeste pour la Terre et l'humanisme: pour une insurrection des consciences*, Arles 2008. In diesem Manifest fasst Pierre Rabhi seine Erkenntnisse aus 45 Jahren intensiver Reflexion und Dienst im Namen einer mit der Natur versöhnten Menschheit zusammen. Er ruft auf zum Aufstand des Gewissens, der die Welt verwandelt.

- *Pierre Rabhi – le chant de la Terre*, Paris 2012. Dieses Buch der beiden Journalisten Jean-Pierre und Rachel Cartier, das kürzlich von Anne-Sophie Novel überarbeitet wurde, ist eine gute Einführung in die Gedankenwelt von Pierre Rabhi. Die Autoren stellen den ungewöhnlichen Lebensweg dieses Mannes dar und räumen seinen wichtigsten Ideen breiten Raum ein.

- *Pierre Rabhi – les clés du paradigme* (Dokumentarfilm von Juan Massenya, 2013). Ein großartiger Dokumentarfilm über Pierre Rabhi. Er erzählt von seiner Kindheit, von seinem Beschluss, die industrialisierte Welt hinter sich zu lassen und ins ländliche Universum der Ardèche einzutauchen. Und er beschreibt, auf welchen Grundlagen wir eine neue Gesellschaftsform finden können, die mit Mensch und Erde großzügiger umgeht.

Matthieu Ricard

»Matthieu und seine Kamera sind eins. Aus dieser tiefen spirituellen Verbundenheit entstehen seine so flüchtigen und doch ewigen Bilder.«
HENRI CARTIER-BRESSON

1967 reist Matthieu Ricard zum ersten Mal nach Indien und trifft dort so beeindruckende spirituelle Lehrer wie Kangyur Rinpoche. Danach schließt er unter der Ägide des Nobelpreisträgers François Jacob seine Doktorarbeit über Zellgenetik am Institut Pasteur in Paris ab und beschließt, künftig im Himalaja zu leben. Er studiert den Buddhismus und fotografiert das Leben in den Klöstern, aber auch die Kunstwerke und Landschaft von Tibet, Bhutan und Nepal. 1978 nimmt er die Mönchsgelübde und ist seit 1989 der französische Übersetzer des Dalai Lama. An den Forschungsarbeiten des *Mind and Life Institutes* (siehe Seite 90) ist er von Anfang an beteiligt. Er ist Mitbegründer der humanitären Organisation *Karuna-Shechen* (siehe Seite 204) und lebt im Kloster Shechen in Nepal.

KLEINE BIBLIOGRAFIE

- *Glück*, München 2009. In diesem leicht verständlichen Werk, das westliche Wissenschaft mit buddhistischer Philosophie verbindet, zeigt uns Matthieu Ricard, was Glück ist und wie wir es im Leben verwirklichen können.

- *Meditation*, München 2009. Eine gute Einführung in die Kunst des Geistestrainings. Matthieu Ricard zeigt hier den universellen Charakter der Meditation auf und die Vorzüge, die diese jahrtausendealte Technik jedem Menschen bringt.

- *Der Mönch und der Philosoph*, Köln 2003. Eine leidenschaftliche Debatte, die Matthieu Ricard mit seinem Vater, dem Philosophen Jean-François Revel, führt. Darin lassen die beiden ihre Überzeugungen, ihren Glauben und ihre Weltsicht Revue passieren und zeigen so den Unterschied zwischen östlichem und westlichem Denken auf.

- *Quantum und Lotus*, München 2001. Im Gespräch mit dem vietnamesischen Astrophysiker Trinh Xin Thuan führt uns Matthieu Ricard ein in die zahlreichen Berührungspunkte der wissenschaftlichen und der buddhistischen Weltsicht.

Caroline Lesire und Ilios Kotsou

Die beiden sind sich an einem schönen Julimorgen auf der Straße begegnet. Aus dieser Begegnung und ihrem gemeinsamen Engagement für eine bessere Welt ist die *Association Émergences* hervorgegangen.

Caroline Lesire ist seit mehreren Jahren im Rahmen bürgerschaftlichen Engagements aktiv. Sie hat einen Abschluss in Politikwissenschaft mit dem Schwerpunkt international tätige humanitäre Organisationen. Sie ist Präsidentin der *Association Émergences* und überwacht deren Aktivitäten.

Ilios Kotsou begeisterte sich seit jeher für den Menschen und den ungeheuren Schatz seiner Emotionen und hat diese Leidenschaft zunächst im Rahmen seiner Tätigkeit als Managementtrainer gelebt. Vier Jahre lang war er als Wissenschaftler an der Fakultät für Psychologie am University College London tätig. Dabei hat er eine Ausbildung in Achtsamkeitsmeditation (MBSR und MBCT) und im Denkansatz der Palo-Alto-Schule erhalten. Er ist Autor verschiedener Bücher über emotionale Intelligenz und die Positive Psychologie.

KLEINE BIBLIOGRAFIE

- *Psychologie positive, le bonheur dans tous ses états* mit Christophe André, Matthieu Ricard und anderen, Saint Julien 2011. Das Gemeinschaftswerk, das von Caroline Lesire und Ilios Kotsou koordiniert wurde, bietet sozusagen eine Rundreise durch die aktuellen Kenntnisse der Glücksforschung, der Positiven Psychologie und anderer spiritueller Aspekte. Einfach und direkt geschrieben enthält jedes Kapitel sowohl praktische Übungen als auch konkrete Ratschläge für die Lebensführung.

- *Kleines Übungsheft – emotionale Intelligenz,* Berlin 2012. In diesem kleinen Heft mit Übungen, Fragebögen und anderen Tests können Sie überprüfen, wie

Sie mit Ihren Emotionen umgehen. Ein nützliches Buch, um mit den eigenen Emotionen und denen anderer Menschen leben zu lernen.

- *Kleines Übungsheft – Achtsamkeit*, Berlin 2013. Hier stellt Ilios Kotsou Übungen vor, durch die sich der Leser mit dem Phänomen der Achtsamkeit vertraut machen kann. Schritt für Schritt lernt er, einen neuen Blick aufs Leben zu entwickeln und es in seiner ganzen Fülle schätzen zu lernen.

Anmerkungen

1. J. G. Gaarlandt (Hrg.), *Das denkende Herz der Baracke. Die Tagebücher von Etty Hillesum 1941–1943*. Freiburg 1983.
2. »Il était une fois Pierre Rabhi«, *Kaizen*, hors série n°1, Januar 2013, S. 123. (Anmerkung d. Übers.: Sonderheft der Zeitschrift »Kaizen« über Pierre Rabhi. Kaizen ist ein Magazin, das in Paris erscheint, über positive Initiativen berichtet und dem Mouvement Colibris nahesteht. »Kaizen« ist japanisch und bedeutet »Veränderung zum Besseren«.)
3. […] Widerstehen heißt Schaffen, Schaffen heißt Widerstehen. […] Stéphane Hessel, *An die Empörten dieser Erde*. Berlin 2012, S. 65.
4. Creswell J. D., Irwin M. R., Burklund L. J., Lieberman M. D., Arevalo J. M. G., Ma J., Crabb Breen E., Cole S. W., »Mindfulness-Based Stress Reduction Training Reduces Loneliness and Pro-Inflammatory Gene Expression in Older Adults: A Small Randomized Controlled Trial.« *Brain, Behavior, and Immunity*, 2012.
5. Condon P., Desbordes G., Miller W. B., DeSteno D., »Meditation increases compassionate responses to suffering.« *Psychological Science*, 2013, 24, S. 2125–2127.

6. http://www.inegalites.fr/spip.php?article1393
7. http://www.who.int/mental_health/management/depression/wfmh_paper_depression_wmhd_2012.pdf
8. http://www.who.int/mental_health/management/depression/wfmh_paper_depression_wmhd_2012.pdf
9. Rockström J., et al., »A safe operating space for humanity.« *Nature*, 461, 2009, S. 472–475.
10. http://www.pik-potsdam.de/aktuelles/pressemitteilungen/archiv/2009/planetarische-grenzen-ein-sicherer-handlungsraum-fuer-die-menschheit
11. Mace G., et al., *Biodiversity in Ecosystems and Human Wellbeing: Current State and Trends*, Washington 2012, 4, S. 79–115.
12. Van Boven L., »Experientialism, materialism, and the pursuit of happiness.« *Review of General Psychology*, 2005, Vol. 9 No. 2: S. 132–142.
13. Kasser T., *The high price of materialism*, Cambridge (USA) 2002.
14. Twenge J. M., Campbell W. K., Freeman E. C., »Generational differences in young adults' life goals, concern for others, and civic orientation, 1966–2009.« *Journal of Personality and Social Psychology*, 2012, 102(5), S. 1045–1062.
15. Thoreau H. D., »Leben ohne Grundsätze«, in: ders., *Leben ohne Grundsätze. Ausgewählte Essays*, Leipzig und Weimar 1986, S. 94.
16. Heyne A., et al., »An animal model of compulsive food-taking behavior.« *Addiction Biology*, 2009, 14, S. 373–383.
17. Wansink B., et al., »The largest last supper: depictions of portions size and plate sizes increased over the millennium.« *International Journal of Obesity*, 2010, 34, S. 943–944.
18. Sampey B. P., et al., »Cafeteria diet is a robust model of human metabolic syndrome with liver and adipose inflammation: comparison to high-fat diet.« *Obesity*, 2011, 19, S. 1109–1117.
19. Vohs K. D., Mead N. L., Goode M. R., »The psychological consequences of money.« *Science*, 2006, 314, S. 1154–1156.
20. Park B. J., et al., »The physiological effects of Shinrin-yoku (taking in the forest atmosphere or forest bathing): evidence from field experiments in 24 forests across Japan.« *Environmental Health and Preventive Medicine*, 2010, 15, S. 18–26.

21. Killingsworth M. A., Gilbert D. T., »A wandering mind is an unhappy mind.« *Science*, 2010, 330, S. 932.
22. Darley J. M., Batson C. D., »From Jerusalem to Jericho: a study of situational and dispositional variables in helping behavior.« *Journal of Personality and Social Psychology*, 1973, 27(1), S. 100–108.
23. Vartanian L. R., et al., »Are we aware of the external factors that influence our food intake?« *Health Psychology*, 2008, 27(5), S. 533–538.
24. Guégen N., *100 petites expériences de psychologie du consommateur pour mieux comprendre comment on vous influence*, Paris 2005.
25. Siehe dazu beispielsweise die Zeitschrift *Psychology & Marketing* (erscheint im Verlag John Wiley).
26. Brown K. W., Kasser T., »Are psychological and ecological well-being compatible? The role of values, mindfulness, and lifestyle.« *Social Indicators Research*, 2005, 74, S. 349–368.
27. Nielsen L., Kaszniak A. W., »Awareness of subtle emotional feelings: a comparison of long-term meditators and nonmeditators.« *Emotion*, 2006, 6(3), S. 392–405.
28. Thoreau H. D., »Leben ohne Grundsätze«, in: ders., *Leben ohne Grundsätze. Ausgewählte Essays*, Leipzig und Weimar 1986, S. 77.
29. Quelle: Black D. S. (2013), Mindfulness Research Guide, www.mindfulexperience.org.
30. Kleine Anmerkung am Rande: Beim *Summer Research Institute*, das Mind & Life im Juni 2008 in Garrison organisiert hatte, hatten Matthieu Ricard und Ilios Kotsou die Idee zur ersten *Conférence d'Émergences*, die dem Thema Achtsamkeit gewidmet war.
31. Weitere Informationen zum Programm sowie Materialien unter www.mindandlife.org.
32. Hölzel B. K., Carmody J., Vangel M., Congleton C., Yerramsetti S. M., Gard T., Lazar S. W., »Mindfulness practice leads to increases in regional brain gray matter density.« *Psychiatry Research: Neuroimaging*, 2010, doi:10 1016/j.psychresns.2010 08.006.
33. Hölzel B. K., Carmody J., Evans K. C., Hoge E. A., Dusek J. A., Morgan L., Pitman R., Lazar S.W., »Stress reduction correlates with structural changes in the amygdala.« *Social Cognitive and Affective Neurosciences Advances*, 2010, 5(1), S. 11–17.

34. Segal Z. V., Williams J. M. G., Teasdale J. D., *Mindfulness-Based Cognitive Therapy for Depression*, New York: Guilford, 2012.
35. Kabat-Zinn J., Wheeler E., Light T., Skillings A., Scharf M., Cropley T. G., Hosmer D., Bernhard J., »Influence of a mindfulness-based stress reduction intervention on rates of skin clearing in patients with moderate to severe psoriasis undergoing phototherapy (UVB) and photochemotherapy (PUVA).« *Psychosom Med*, 1998, 60, S. 625–632.
36. Davidson R. J., Kabat-Zinn J., Schumacher J., et al., »Alterations in brain and immune function produced by mindfulness meditation.« *Psychosom Med*, 2003, 65, S. 564–570.
37. Ausführlich beschrieben ist das Programm in: Kabat-Zinn J., *Gesund durch Meditation. Das vollständige Grundlagenwerk zu MBSR*. München 2011.
38. Weng H. Y., Fox A. S., Shackman A. J., Stodola D. E., Caldwell J. Z. K., Olson M. C., Rogers G., Davidson R. J. (2013), »Compassion training alters altruism and neural responses to suffering.« *Psychological Science*, NIHMSID: 440274.
39. Meditationsformen, die analytisches Verständnis mit der Entwicklung von Aufmerksamkeit, Achtsamkeit und Wohlwollen verbinden, werden in mehreren schulischen Einrichtungen in Nordamerika sowie in einigen europäischen Ländern gelehrt. Siehe dazu: Greenland S. K., *The Mindful Child: How to Help Your Kid Manage Stress and Become Happier, Kinder, and More Compassionate*, New York 2010. Zur Achtsamkeit in der Kindererziehung: Kabat-Zinn J., Kabat-Zinn M., *Mit Kindern wachsen. Die Praxis der Achtsamkeit in der Familie*, Freiamt im Schwarzwald 2006.
40. Fredrickson B. L., Cohn M. A., Coffey K. A., Pek J., Finkel S., »Open hearts build lives: positive emotions, induced through loving-kindness meditation, build consequential personal resources.« *Journal of Personality and Social Psychology*, 2008, 95(5), S. 1045.
41. Kok B. E., Coffey K. A., Cohn M. A., Catalino L. I., Vacharkulksemsuk T., Algoe S. B., Brantley M., Fredrickson B. L., »Positive emotions drive an upward spiral that links social connections and health«, Manuskript zur Veröffentlichung vorgelegt 2012.
Kok B.E., Fredrickson B. L., »Upward spirals of the heart:

Autonomic flexibility, as indexed by vagal tone, reciprocally and prospectively predicts positive emotions and social connectedness.« *Biological Psychology*, 2010, 85(3), S. 432–436.
42. Fredrickson B., *Die Macht der Liebe. Ein neuer Blick auf das größte Gefühl*. Frankfurt a. Main, New York 2013.
43. An dieser Stelle möchte ich Barbara Fredrickson danken, dass sie mir die Korrekturabzüge ihres Buches bereits vor Erscheinen zur Verfügung gestellt hat.
44. Kasser T., *The high price of materialism*. Cambridge 2003.
45. Overmier J. B., Seligman M. E. P., »Effects of inescapable shock upon subsequent escape and avoidance responding.« *Journal of Comparative and Physiological Psychology*, 1967, 63, S. 28–33.
Seligman M. E. P., Maier S. F., »Failure to escape traumatic shock.« *Journal of Experimental Psychology*, 1967, 74, S. 1–9.
46. Bandura A., *Auto-efficacité: le sentiment d'efficacité personelle*, Paris 2007, S. 859.
47. Kotsou I., Lesire C., *Psychologie positive: le bonheur dans tous ses* états, Archamps 2011, S. 224.
48. Machado A., *Proverbios y Cantarès*, Gesang XXIX, Campos de Castilla 1912.
49. Hessel S., *An die Empörten dieser Erde. Vom Protest zum Handeln*, Berlin 2012, S. 122.
50. Emmons R., *Gratitude Works*, New York 2013.
51. Comte-Sponville A., *Ermutigung zum unzeitgemäßen Leben*, Reinbek 1998, S. 158.
52. Grant A. M., Gino F., »A little thanks goes a long way – explaining why gratitude expression motivates prosocial behavior.« *Journal of Personality and Social Psychology*, 2010, 98(6), S. 946–955.
53. Algoe S., Haidt J., »Witnessing excellence in action: the ›other-praising‹ emotions of elevation, admiration and gratitude.« *Journal of Positive Psychology*, 2009, 4, S. 105–127.
Haidt J., »Elevation and the positive psychology of morality«, in: Keyes C. L. M., Haidt J., *Flourishing: Positive Psychology and the Life Well-Lived*, Washington 2003, S. 275–289.
54. Schnall S., Roper, J., Fessler D., »Elevation leads to altruistic behavior.« *Psychological Science* 2010.

55. »Il était une fois Pierre Rabhi«, in: *Kaizen, hors série* 1, Januar 2013, S. 123.
56. Anlässlich eines persönlichen Gesprächs.
57. Morin E., Viveret P., *Comment vivre en temps de crise?,* Paris 2010.
58. Longchenpa, *Dans le confort et l'aise,* Paris 2002.

Bildnachweis

Seite 16: Annie Griffiths, Ripple Effect Images; Seite 28–29: Matthieu Ricard; Seite 42: Florian Kleinefenn; Seite 72: Tony Maciag, Center for Mindfulness; Seite 82–83: Oliver Vin, Seite 102: Pierre Verdy / AFP ImageForum; Seite 114–115: Matthieu Ricard; Seite 128: Laurent Villeret / picturetank; Seite 134–135: Gina Van Hoof; Seite 162: DR; Seite 172–173: Les Enfants de la rue – Brésil; Seite 182: Matthieu Ricard; Seite 207: Samusocial

Info-Grafiken: Chloé Laforest

Grafische Konzeption: Sara Deux, Nadine Wagner